日本の史眼

―顯と幽との相關相卽―

森田康之助

傳統文化叢書　五

錦正社

まへがき

フランスの哲學の巨匠ベルクソンはいふ、藝術の目的は吾人に暗示される理念を實現する狀態に、吾人を導くといふことにあると（「變化の知覺」）。ついては芭蕉の句〝橘やいつの野中のほととぎす〟がある。この句、橘の花を見てゐるのか、はたまた、その花の香りを嗅いでゐるのか、野中でほととぎすの啼くのを耳にしてゐるとき、かつて同じ花を見、同じ香りを嗅いだことがあるといふことを想ひ起してゐるのである。そのとき想起されるかつての情景はといへば、その場にはなくとも、想起するその人の上にあつては、眼前に彷彿し去來するものがあるのである。このことを幽は顯としてそこに在るとこのやうにいつてよいのである。九鬼周造は、この句からマルセル・プルーストの『見出された時』の一節を思ひうかべ、次のやうな注釋を加へた。

かつて既に聞いたことのある一つの音、また嗅いだことのある一つの香りが、現實でないのに實在的、抽象的ではないのに觀念的なものとして、現在と過去の内に同時によみがへるそのとき、たちまちにして、平常な事物の内に隱されてゐる永遠の本質が解放され、時には永く死んだやうに思はれながら、實は死んではゐなかつた我々の眞の自己が目覺め、もたらされた天上の糧を受けて生き生きとなる。時間の秩序から解放された人間を、我々の内に再創造したのである。（『日本藝術に於ける「無限」の表現』、九鬼周造全集 一）

同じ芭蕉の〝から鮭も空也の痩も寒の內〟は、冬の夜のいてつく寒さに前かゞみとなつて托鉢して歩く空也宗の僧の痩身と、干《か》ら鮭とさながら墨一色の繪刷毛でサツと描いた情景として、眼前にうかびくるものがある。骨の髓までしみ徹る寒さが吹きぬけ、身をかゞめて吐く念佛の白い息づかひが、そこからほんのりと傳はつてくるあたたかさとなつて浮かびあがり、華やいだ賑やかさの一切を拒否しきり、しかもそのどこかに感傷性をば漂はせてくるものあるを覺える。

降つては近世の廣重、雪に包まれた蒲原宿の夜は明るく、芝居の書き割りにも似た重い闇空から大きな雪片が、鹿の子絞りさながらに降りしきる。畫中の按摩は肩をすぼめ、雪駄に脚をとられぬやうに氣くばりしつつ雪道を辿る。畫面いちめんはホンノリと褐色を帶び、この繪の初版では上部は一文字に黑の彩色、下方はボカシ手法、見たまゝ感じたまゝのドンヨリとした雪空を遺憾なく表出し、そこにはえも言へぬ感傷性を漂蕩せしめてゐる。夜が更けるにつれて音もなく降り積る蒲原の宿の顯なる實を描き出しながら、しかもさうした顯のうちに身を置くものの內面をば、ひつそり且つ深々と包みこみ、肉の眼にはそれとは捉むことのできぬ幽なる感傷性を、吾人が肌へを徹して現なるもの、實なるものとして、感じとらしめてゐるのである。ウォリンゲルが「藝術における超越性と內在性」と題する氣のきいた小粒の山椒さながらの小論文に於て言つたことは、人間の本性は、世界と一であるといふことを知つてゐるといふことなのである。それ故に彼は客觀的な外的世界をば、人間の內的世界へ參加するところのある他者としては感じとることはしないで、世界の內に自身の感情に相對するところの、反應的な顯として認識するといふことになるといふのである。つまり顯はつねに幽に圍繞せられて在り、幽は全面的に顯のうちに滲透してゐるといふことなのである。顯は幽を內に攝し、幽は顯をば幽の對立としてではなく、一在愛の自己限定として感得し、かつはこれをそれと自證するものがあるといふことなのである。

顯と幽とはそれぞれ二項對立的な關係にあるのではなくて、顯はどこまでも顯、幽はどこまでも幽としてそれぞれが自己を主張してゐながら、さうした對立の底に同時に顯は幽に通じ、幽は幽であるがまゝにどこか顯に自己を表出するものがあるのである。右の蒲原宿の雪の情景に見る感傷性は、實なるその場にあつては視覺では虛でありつゝ、しかも惻々としてそれは顯であり實なのである。

中山間地の棚田である。地形はわるく田は狹い。そこに農耕具を導入しようにも耕地整理はもとより、人手に賴るにも過疎と高齢化とでもはや限界である。そこに國の減反政策の强化と推進とが相俟ち、今や急速に見捨てられつゝある。ついてはこの棚田、これを一方では國土保全のため、或は景觀確保といふ觀點から、何としても守つて行かねばならぬとする動きがある。かうした動きの底にはそれこそ人々の無意識の意識、意識の無意識として、米作に投ずる勞働の對價をこれ求めるといふのではなくして、それまでに米作に寄せてきた父祖以來の執念を今こゝに反省し自覺するといふ、內的な衝迫に促されるものあるを思ふのである。人の世は互にあざなへる繩の如く、幽と顯とがこもごも出頭し沒頭しあるが吾人が現實世界の論理なのである。斯うした論理を前にして吾人は冷徹な批判家のまゝでゐてよいのか。而今の只今はこれいかにすべきなのか。幽からの語りかけてくるものを的確に捉へ、かつこれを聴くといふことを以て、吾人が本來の在り方とすべきではないのか。

平成十二年極月

森田　康之助

『日本の史眼——顯と幽との相關相卽——』目次

まへがき……一
顯と幽との接點……一一
幽と顯との現象學……三九
一、橋――幽と顯との接點……四一
二、忌み負け……四八
三、反對の一致……五六
幽顯の相卽相關の哲學……六九
一、武滿徹の作曲　空海『聲字實相義』……七一
二、而今の山水　古佛……七六
三、想念の藝術……八三
四、芭　蕉……八六
五、現實世界の論理學　花祭り……九〇

幽顯の相卽相關の哲學（承前）……九三
一、序說……九四
二、モナ・リザ　ラオコーン　E・ヘリゲル『日本の弓術』……九七
三、古風土記……一〇〇
四、三尊佛　那智瀧圖……一〇八
五、聽と聞と……一一四
わが國民文化深層の風姿……一一九
一、神を祈る……一二〇
二、富士谷御杖……一二七
三、ことだま……一三四
四、顯幽の相互映發……一三九
神佛體驗の論理學　――自己が自己となるといふこと――……一四九
一、序……一五一

二、能の神と所の神……一五三
三、兀坐の正傳……一五六
四、機と法と……一五九
五、無生法忍……一六三
六、内侍所の苔になりて……一七〇

精神史の哲學……一七九
一、隨流去と而今……一八〇
二、思量　不思量　非思量……一八五
三、兀坐の正傳……一八八
四、さとるは自己　さとらるゝも自己……一九一
五、ウインケルマンとゲーテ……一九四
六、看經の眼……一九七

神よみがへる……二〇五

〝もののあはれをしる〟といふこと……二二一
一、宣　長……二二一
二、伯　繼……二三〇
三、藤　樹……二三八

精神史研究法の反省……二四三
序……二四四
一、繪卷物……二四四
二、繪卷物の手法……二五三
三、信貴山緣起繪卷……二五六
㈠、目のひと　耳のひと……二五八
㈡、芭蕉と西行……二六二
㈢、精神視（Vision de l'esprit）……二七〇

顯と幽との接點

一

こゝで攷へんとするところは顯幽の相關相卽とその事實である。この事實とは吾人が今に達し得た體驗全體の反省々察と、その知的體系とのことである。徒然草に「花はさかりに月はくまなきをのみ、見るものかは」とある。美は完全なるものの上にのみ感得されるものではない、といふのである。顯に對する幽なるものとの關連に於て、美があるとするのである。ハレとケは聖と俗との二項對立ではあるが、聖はこれを紙の表、俗はこれ紙の裏にあてて考へることは、紙の意義乃至は紙の生命を、さらには聖と俗との意義を無みするといふことになるであらう。裏がなければもとより表はない、表がなければ裏もあり得ないといふこと、これが人の世の實相なのである。紙も裏がなければ表はなく、表と裏とが相卽してはじめて紙といへるのである。生命とは生きる體驗の全過程のことであり、吾人が體驗するといふのはつまり、吾人が自己の生命の中に於て同時に他の生命をも體驗するといふこと、このことでなければならぬ。ドイツ語の體驗する erleben とは生命を生きるといふことである。生 Leben を他動詞にした形なのである。他動詞であるからには目的語がなければならぬ。體驗といふ語の目的語は生命 Leben それ自體でなければならぬ。生命とは卽ち體驗といふこと"Leben ist Erleben" なのである。動物は捜す suchen することをするが、人とは問ふすなはち fragen する存在であるといはれる。天台止觀では、正智を發し分明に諸法を照見するを觀といひ、心を一境に置き邪念を離れるを止といふ。實相の觀入これである。連歌の心敬はいふ、

昔の歌仙に、ある人の歌をばいかによむべき物ぞとたづね侍れば、かれの、す、き有明の月とこたへ侍り。是はいはぬ所に心をかけ、ひえさびたるかたをさとりしれと也。（さ、めごと『中世歌論集』、岩波文庫）

連歌とは言ひのこすものであり、言はぬところに心をつけるべきものであるといふのである。言ふところとは顯であり、言はぬところとはすなはち幽である。世阿彌は餘韻とも餘情ともいつて、言ひのこしてあるそのところ、言はぬところに心をつけよといつた。これ總じて顯に對する幽をいつてゐるのであり、幽ありて顯ははじめて、その實のあるべきを言つてゐるのである。

吾人が生は、幽と顯との相關相卽により成り立つてゐるのである。幽とは總じて眼には觀ることも、はたまた手にとることもできぬところの invisible なもの、つまり空であり無なるもののこと、顯とは visible なものである。この幽顯の相卽相關を考へるにあたつては、ゲーテの『色彩論』が頗る示唆に富むものをもつてゐる。

ゲーテはいふ、一切の色彩は光だけから生ずるものではなく、光と闇とが寄り添ひ寄りあつて生ずるものである。すなはち黄色は常に光りをもち、青色はつねに闇をもつ。これが一切の色彩現象の根

源であると。闇は光に對しゼロの意味しかもつてゐないのに對し、ゲーテはそれは實にプラスに對するマイナスの意味をもつてゐるとする。この指摘はきはめて重要なそれである。プラスに對するはゼロではなく、プラスに對するマイナスの關係にあるものであるといふことは、光と闇とはどこまでも對立の關係を保ちつゝ、しかも兩者は調和をたもち、すべての色彩をそこに生み出してゐるといふのである。プラスとマイナスの二項對立は對立して一致することなきがままに、すべてがさうした對立の上に生まれてくるといふそのことを、ゲーテはいつてゐるのである。(1)

プラトンはおよそ個物とは、普遍的なイデアールにかゝはる限りに於て存在するものであるといふ。されば求められるものによつて立つのではなく、逆に、求めるものは求められるものによつて立つを得るといふのである。このことは淨土教の論理がよく考へてゐる。此土は穢土であり、佛は彼岸の淨土に在る。此土をいかに延長してみても、淨土には屆くといふことはない。しかも佛はこの斷絶を超えて此土に來るのである。そのために佛は名號の形をとる。斷絶乃至は超絶を横超的に連續せしめるはたらきをもつてゐるのが、名號なのである。名號は佛の名號であるかぎり、どこまでも此の世ものではない。此の世のものではないのに、名號は名號であることそのこと自體により、此の世には屆くのである。眞宗教學では名號それ自體が動いて衆生に向ひ、此土に向つて來るといふのである。不廻向とこれをいふ。不廻向でありつゝしかもそこに、此土に向つてくるものがあるといふ論理なのである。通常の形式論理の次元を超えた名號それ自體のもつノエシスの論理、華嚴經にいふ「不請の友」といふのがこれに當るであらう。名號は此土にそのはたらきをつねに投げかけてゐながら、しかも自らは何ものをも喪ふといふことはない。名號は外に在りながら内により動かされ、信は内に在りながらしかも外からよび起されたもの、といふ關係に立つのである。空海の『卽身成佛義』にはかうある。

加持とは如來の大悲と衆生の信心とを表はす。佛日の影、衆生の心水に現ずるを加といひ、行者の心水よく佛日を感ずるを持と名づく。行者もしよくこの理趣を觀念すれば、三密相應するが故に現身に速疾に本有の三身を顯現し證得す。か丶るが故に速疾に顯ると名づく。常の卽時卽日の如く、卽身の義も亦是の如し。（書き下し）

「加」とはとりも直さず佛日の影、つまり大悲が衆生の心水につねに現じてゐるのであり、このことの體認が「持」である。持とは行者の心水がこの佛日を感ずることこれである。もともと求められるものは、求めるものによりはじめて立つのではなく、この逆なのである。求められるものが求めるものをして立たしめるといふこと、この意味に於て佛日の影は衆生の個心に往來し渉入してゐて、やむことがないといふ實際と實相との出會ひ、この出會ひをそれと心にうけとめるそのことが「持」なのである。同じ空海の『大日經開題』には、入我我入是なりと見えてゐる。

吾人はむかしから「形見」といふ言葉をもってゐる。

戀ひしくは形見にせよとわが夫子《せ》が　植ゑし秋芽子《あきはぎ》花咲きにけり（『萬葉集』一〇―二一一九）

庭の片すみの植ゑこみの秋芽子は、わが思ひひとが形見にせよと植ゑていつたのである。この場面ではわが背子は此の場に姿を見られずとも、卽ち幽なる存在ではあつても、實は顯としてそこに在る、といふことが實感されてゐるのである。秋芽子の可憐なる小さな花の上にその俤は佇み、纒綿し去來してゐるのである。

秋芽子は戀ひつくさじと念へども　しゑやあたらし　また逢はめやも（同上 一〇―二一二〇）

かくも深き愛情のいたすところ、いま眼には見ることのできぬ思ひびとではあるが、これを眼前にはつきりと見ることができるのである。およそ個物は普遍的なイデアールにかゝはるかぎりに於て、存在することができるといふプラトンの言が、こゝに思ひ合はされてくるであらう。「見る」といふはたらきは to see でもなければ to look at でもない。物の存在や相違を對象的客體的に見る、といふだけの意ではないのである。

昔こそよそにも見しか吾妹子が　おくつきと念へばはしき佐保山（同上 三―四七四）

これまでは、對象的にのみしか見てこなかつた佐保山ではあるが、今や吾妹子のおくつきどころとして自己の心に迫りくるものがある、といふのである。されば佐保山に棚引く霞には、吾妹子の生前の俤が去來し想ひ出されてくるものがあつて、わが胸に痛くも偲ばれてならぬものがある、といふのである。かうしたものが形見なのである。

佐保山に棚引く霞見るごとに　妹を思ひ出　泣かぬ日はなし（同上 三―四七三）

人を見送る、或は見守るとか、人の最期を見屆けるとか、このやうにいふそのときの「見る」といふ言葉が內的にもちあはせてゐる意味を思へば、このことは納得できるであらう。形見とは單なる記念といふやうなものではない。記憶を回想する遺品や遺物とは、別途異次元の意味構造をそれはもつてゐるのである。可視的なものとか感覺的な對象とかを超えて、人の視力には見ることのできぬものを、存在を通して現實に reell に感じとるといふこと、これである。それはもはやフランス語の souvenir でもなければ、ドイツ語の Andenken でもない。Andenken とはある物品につきこれを思ふといふこと、つまり an Etwas denken であり、Erinnerungszeichen にとゞまるものなのである。

一般に認識に於て優位を占めるは直觀であり、直觀であるが故にそれはつねに受容的なのである。もとより、直觀とは主と客との合一といふことではない。むしろ主觀が客觀のうちに沒入した狀態なのである。客觀が主觀自身を見、對象が對象自身を映し出し、存在が存在自身を照らし出してゐるといふそのことである。そのとき直觀は特に主觀として擧ぐべきものをもたない。見るものなくしてたゞ見、知るものなくしてたゞ知る。或は無にして知るといふことこれでなければならぬ。その意味に於て直觀とはつねに受容的であると、このやうにいふのである。客體的對象的なるものに對する自己の、對象的客體的なるものとの關係に於ては、直觀は觸發の關係にあるといふことができるのであり、またこのやうにいはねばならぬものなのである。思惟や判斷といふはたらきを、こゝでいふ直觀と照らしあはせることを通じて考へてみれば、私のいふ幽 invisibility と顯 visibility との相關相卽の關係は、これを多少なりとも明らかに了知することができるであらう。思惟や判斷はつねに對象的客體的なものに從屬的であり、これに對する直觀はそれこそ自己自身の純粹なる內よりするところの、一面に於ては對象自身は時間や空間のうちに在りながらも、純粹に時間や空間を內部より映し出すところの超越の關係、純粹受容のはたらきそのものなのである。勿論人は一個の有限者として、何らかの意味で、また何らかの形でつねに時間に流されてゐるのであつて、時の繫縛から自由であるといふことはできない。しかし人の個性は無限に深い根底をもつてゐる。吾人はおよそ他者とか社會とかとの關係に包攝せられ、影響を蒙つたまゝであるといふことはあり得ないし、またできるといふものでもない。であるからといつて、さうした繫りのうちに埋沒し解消されつくしてしまふ、といふものではない。人は有限なのである。人は時間的空間的な存在として在りながらも、しかも同時に時空を超越し、永遠に觸れるといふことができるのである。人は個別をして個別たらしめるところのものを無限に超越して、いつも人の心をして、その底から衝き動かすことができるものにぢかに觸れあひ、接するといふことがあり、また接することのできる存在なのである。

うつそみの人にある吾や　明日よりは二上山を兄弟とわが見む（『萬葉集』二―一六五）

時の政争といふおぞましいはざまに搖られ、不本意の死を賜つた大津皇子、その皇子のおくつきどころをもつ二上山は、同母姉の大伯皇女にとりては、まぎれもなく他界に在る皇子と、それこそ魂の語らひをかはすことのできる、さうした場なのである。その意味に於て二上山の皇子は幽の存在であると同時に、皇女にとつてはまた顯に生き通しでもある。幽のいのちは幽でありつゝしかも顯、吾人が具體的體驗における自我は、時空を超越することができると共に、いゝゝいのちそれ自體に觸れあふことができるのである。

時間は過現未の三つの方向を包攝し、この三つの契機から構成されてゐるのであるが、この三つの方向を同時にその意味關係に於て統一し結合するものをば、時間はそのうちにもつてゐるのである。顯が幽に觸れ、幽は顯に直接してゐるといふことこれである。近代史學の父といはれるレオポルド・フォン・ランケは、各時代はそれぞれ神に直接してゐる Jeder Epoche ist unmittelbar zu Gott といつたに倣つて、顯は幽に、幽は顯にいつもつねに直接するものをもつてゐる、とこのやうにいつてよいのである。そこでランケはかういふ、

各時代は神に直接するものであり、その價値はそれから派生し來るものが何であるかにかゝるものではなく、それが存在そのもの、當のそのもの自體の中に存するものである、と。(2)

一般に慶事に赤小豆を炊ぎ、强飯を神饌とするのであるが、處によつては、たとへば東北地方では、葬儀に赤飯をつくるところが多いといふ。群馬縣の片品村でも葬儀のとき、ヲヂ・ヲヒあたりの親戚は赤飯を炊ぎ、三本脚の櫃に赤飯をいれて持ち寄り、親戚一同でこれを食する。(3) 本來慶事にあてられるべき赤飯は、凶事にもこれを喫していさゝかも不思議とすることはない。これといふのも、赤は朱などと共に、その色あひが辟邪の意味をもつからのこと、吉と凶、慶事とまがごととは、人の世では

表と裏との關係であり、相互に相關し相卽しあつて映發の關係にあるといふことを、問はず語りにあらはしてゐる習俗であるといへよう。

二

『歎異鈔』にはこの詞章あるを以て、萬世に人の魂を搖り動かしてやまぬ親鸞の語がある。いふ「善人なをもて往生をとぐ、いはむや惡人をや、しかるを世のひとのつねにいはく、惡人なほ往生す、いかにいはむや善人をや」と。かうした「いはむや……をや」といふ副詞の用法は、奈良時代の反語の語法イハメヤから轉じたものであり、平安中期からは「いはむや……をや」といふ形で表記されることが多くなつたと、『岩波古語辭典』では說いてゐる。このことはドイツ語の分離複合動詞を思はせるものがある。一般的なドイツ語の文法書から文例をとるなら、Erschläft oft bei der Arbeit ein./In dieser Hinsicht stellt sich.....heraus. とある文章に眼を走らすそのとき、schläft とか stellt と讀み進めてきたそのあと、そこにある種の緊張乃至は期待の感情が生まれ、ein とか heraus といふ語が次いで來るべきあるを人は豫想し期待するのである。「いはむや」といつたそのときには、次いで「をや」といふ助詞が幽としてあり、「いはむや」といふ顯は「をや」といふ幽の、語のひきつゞきあるべきを期待するといふ緊張關係をもち、そこで幽としての語「をや」に續くありてはじめてここに、章句としてのおちつきとしまりとをもつに至るのである。ドイツ語の分離複合動詞のもつ關係は、またこの「いはむや……をや」と同じである。

人間の精神には各自の意識する部分と意識しない部分との兩者があり、この意識しない部分を心理學で下意識といふ。下意識とはある所與の瞬間に於ては、焦點の外に在るところの、それこそ稀薄にして潛在的な臨界狀態にあるもののことであり、もしこれに氣づいたそのときには、その潛在性は潛在性をぬけ出して意識となつてゐるのである。武道家や藝術家がよく口にする「間《ま》」とか「間《ま》あひ」とかいふのがこれであらう。間《ま》とはいふまでもない、時間はいささかの裁斷もなく連續してゐて、事象や物との間にすこしの間隙もそこには無いにもかゝはらず、現にそこには顯として、一般通常の流れとは別の存在として、嚴にあるところの時間であり空間のことである。擊劍の場では間《ま》をはかつて相手方に踏みこみ、うちかゝる。この一瞬の間のとり方を誤るそのときは、相手方の切つさきはこれをかはすことができない。能舞臺での鼓は洋樂のオーケストラのそれのやうに、次から次にと續く音のその一つを打つ打樂器とは全く違ふ。前にも後にもなく凝集しきり、緊張をきはめつくした一瞬の鼓の音ポンなのである。それまでの時間はすべてこれをこゝに捨てきり、そこから新しい時が生まれてくるさうした生きた時間を一瞬のうちに捉み、捉んだその瞬間をとりはづすことなきうち込み、これがポンなのである。かうした一瞬のはりつめた時間をとりあやまるそのときには、卽ち間《ま》あひをとりあやまるといふのであつて、舞臺ではそれこそ間がぬけ、間のびしてしまふ。この間あひを過不及過不足なく正しくとるがためには、稽古をかさね心身の上にその一瞬のときといふものを體得する以外に、ロゴスとしてこれを語るといふことはできない。能舞臺での鼓の一瞬のポンは、演者や見所の人たちの心意のすべてを包みこむ、さうしたはたらきをもつてゐる。流れる時間はすべてこのポンが斷ち切り切り捨て、脫落せしめ、しかも新しいいのちをそこに生みなすさうしたポンなのである。新しい時間がそれこそ幽の裡から、幽を超えて顯なる時として生まれてくるのである。「まとむ」（纏）とはこの幽なる間《ま》を顯にまで、これをもたらしめるさうした心意のはたらき、すなはち間留むといふことでなければならぬ。さうした間をとりかね、間に醉ふことがこれ吾人がいふ迷《まよひ》であり、間のとり方を誤るそのことを間違ひといふのであり、間をとり逃すことをむかしから間拔けといつてきてゐるのである。かうした反省と直觀とが人をしてみづから完成せしめる契機となるのである。かうした對象的世界のうちに隱れてゐる眞の自己にめぐり逢ふそのことを以て、むかしから「人と成る」とこのやうに云つてきた。人として完成するといふことこれであり、その反對に人として完成しそこなへるものをば、「成らずもの」とこのやうにいつてきてゐるのである。

かうしてみづからが自らを追ひ求めてゆくそのときは、心身の內と外とでは表もなければ裏もない、それこそ表裏一枚となるそのとき、顯は顯のまゝにして幽に通じ、幽は幽であるがままに顯そのものとなつてゐるのである。かうして眞の存在とは、生きた生命《いのち》がそこに躍動して、生きてとゞまることを知らざる現在の純粹直觀として在る、といふこととなるのであり、かうした純粹直觀の深みに於て人は、顯の認識だけでは達することのできない幽の深みや厚みそのものに、自己自身の上にめぐり逢ふこととなるのである。それはもはやいはゞ非言語的な智なのである。

能の演出では世阿彌は好んで「花」といふ言葉でこれを象徴せしめた。彼の『風姿花傳』は人のよく知るところ、この世阿彌には亡父觀阿彌の祖述であるといふ『花鏡』がある。老後に至るまで體得した彼の藝術論であり、またその撰の『至花道』は長男元雅への傳書である。こゝで世阿彌は云ふ、「花と面白きと珍しきと、これ三ツは同じ心なり」（花傳第七、別紙口傳）と。こゝにいふ花とは心であり、種とはわざでなければならぬ。世間一般では種は心、花はわざと領得するのであるが、花とはわざそのものではない。わざを裏づけわざを支へる心のはたらき、これを花といふのである。世には鬼を眞似するばかりが上手なるがある。そこでたとひよろしくそつなく鬼を演じたりとても、見所の眼にはこれこそ花よとはうけとめられることはない。演出效果は薄いのである。

花トイフハ餘ノ風體ヲ殘サズシテ、幽玄至極ノ上手ト人ノ思ヒ慣レタル所ニ、思イノ外ニ鬼ヲスレバメヅラシク見ユル所、コレ花ナリ。

譬へていふなれば、花を咲かすことない堅固な巖の上に、花を咲かせるといふやうなことがこれなのである。揚げ幕から演能の場にシテが登場しての直後、サシや一セイ《（聲）》を出すその時節なり時分をば、的確に捉むといふこと、これまことにむつかしい。早きに失しても惡く遲きにすぎては間がぬけてしまふ。そのときには、緊張した舞臺と見所の氣分の高まりとは、忽ちにして崩壞を見るのである。

先樂屋より出て橋がかりに歩み止りて諸方をうかがひて、すは聲を出だすよと諸人一同に待ちうくるすなはち聲を出だすべし。是諸人の心を受けて聲を出だす時節感當也。（『花鏡』）

この「すなはち」の機微を瞬間のうちにして直觀して把捉するそのことの上に、演能の、同時にまた演能者はそのいのちを、かけるのである。

この時節はたゞ見物の人の機にあり、人の機にある時節と者、爲手《して》の感より見する際なり。是萬人の見心を爲手ひとりの眼睛へ引き入るゝ際也。當日一の大事の際也。

とある。

能舞臺に冴えわたる鼓の、その冴えかへつた一瞬のポンがこれである。爲手のサシや一聲、ともにこれ流れ去り流れ行く時間の前後を裁斷し、それこそ新しいそれまでは幽であつた時節をば、一擧に顯にまでもたらしめるところの、鼓の響きポンなのである。歌舞伎の劇場のすみずみ、樂屋にも見所にもその隅々にまで響きわたる冴えた柝《き》がこれである。

近松半二の名作『妹背山婦女庭訓』の妹背山の段、歌舞伎ではめづらしい兩花道、その中央を流れる吉野川を挾むといふ趣向、文樂でも通常は上手で語る義太夫が、この段に限つて上手と下手とにそれぞれ別れ、一人が一役を語るといふ演出となる。この上手と下手との兩方の花道から大和國の領主大宰家の後室と、紀伊國領主大判事清澄とが登場するそのとき、こゝで「こだまの合方」といはれる鼓が互にポンポンポン　ポンポンポン　ポン　ポン　ポン　ポン　ポン　ポンとうたれる。この鼓の音《ね》は舞臺の場面はこれをそのまゝにして、観客の心をば深山へと誘ひこむのである。(4) 顯なる舞臺を見つめる観客の心意はそのときそのまゝにして、深山の幽さながらの場面に身を移し置かしめられることとなるのである。鼓の至藝のそれこそ全機の現成そのものである。

歌舞伎の外座《げざ》は舞臺の右方、見所からすれば左手のその下手になる外座の御簾の内から太鼓の擬音で、しづかにしかも陰にこもつた雪の音を打つあるを耳にすればこのとき、観客は霏々と降る雪の中に身を置く思ひいつぱいにとりこめられる。雪といひ雨といひそれは目で見るものであるとともに、その音を人はそれと聞き分けて聞くのである。さみだれ、やしぐれ、夕立などはそれぞれで雨あしの音はまるでみな違ふ。そこで人は外に降るものが何であるかを、聞きわけることができるのである。垣根のほど近くに綻びそめたふくよかな白梅、夜半に寝屋で耳にするところの、庭の芭蕉をパラパラと叩いて通りすぎる村雨、そこから人は言葉にならぬ何か幽趣を感じとる。顯を超えた幽の音や幽の俤をそこに見出るのである。〝松のことは松に習へ、竹のことは竹に習へ〟と芭蕉は云つた。門人服部土芳はその意を解して「習へ」とは物に入りてその微を顯はすことこれであり、その微が顯はれて情《こころ》が動けばそのまま句となるといつてゐる。音をたてることなくして降る雪が、屋根からずしりとすべり落ち、庭樹のか細い小枝に積つた雪が、その枝をピシリうち折るその物音は、吾人にとりては物理的な物音以上のものであり、それこそそれまでは氣づくことの淺々であつた幽の音をば、こゝに耳にすることとなるのである。

邦樂にあひの手といふがある。歌聲しばらく絶えてつゞかぬそのとき、樂器の演奏のみを以て繋ぎ、間《ま》をもたせるのである。このあひの手の進展したものとして手事がある。三絃や箏笛の音《ね》のみを以てする演奏である。しかもその多くは技巧的にいつて難曲とされてきてゐるものであるからであらう、それこそ時間的な繋ぎ以上の深さと厚みとを、この手事は顯の場にもたらさずにはゐないのである。

近世演劇の世話物が意識的にとりあげるのが所作事の道行《みちゆき》である。それは單なる敍景ではない。たとへば近松の「曾根崎心中」、お初と徳兵衞がわが身を覺悟の死出の旅裝束に包み、幽暗の曾根崎の森に二人はたどりつくのであるが、その場面、ほの暗い明かりのもとお初の白い着物がぼうとうかびあがる。そこでこの二人がそのときそこで耳にする七ツの鐘は、この世の名殘りであると同時に觀客の同情と共感とを、心の底からよび起さずにはゐない、さうした鐘のねなのである。幽は顯に通じ顯は幽に通ふものあるを、觀客一同は納得せしめられるのである。物理的な音を超えた深みをもつさうした鐘のねなのである。

『萬葉集』には「もろむき」といふ語がある。もろともに向く、いつしよに、同じ方向に向くといふ謂であり、東歌に、

武藏野の草はもろむきかも　かくも君がまにまに　吾は寄りにしを（『萬葉集』一四―三三七七）

とある。武藏野の草はどちらの方にも向くものであるから、武藏野育ちの私はあなたの心のまにまに從ひ、いづこなりとも從ひもて行きますといふのである。人の認識はおよそ有限であり、受容的であ

る。それはつねに他者からの觸發をうけねばならぬ。自己自身ではそれと氣づくこと淺々にして、自己の內部よりするところの純粹受容 reine Selbstaffektion ともいふべき心的なるはたらきが、こ、にいふ觸發といふことである。意識の根源的なはたらきといつたらよいであらう。そこで當面問題としてゐる幽と顯としてこれをとりあげるならば、純粹受容といふことは、幽を除外しさへすれば顯に到達するといふことでもなければ、はたまた顯を排去すれば直ちに幽になるといふものでもない。もと顯と幽とを同時に包攝したものであるが故に、顯は幽に時と場に應じて接することとなるのであり、同樣に顯もそのものの底には、底といふのが、適切でなければ顯そのものの裏で、幽に接するといふことになるのである。このことは繼起 nach einander といふ關係にあるのではなく、竝在 neben einander してゐるといふことで考へると、理解しやすい。闇は光の無であり、光は闇の無であるといふことなのである。闇は光の否定でありつ、、光なしには闇は存在すべくもないのである。

『繪本太功記』全十三段は『眞書太閤記』を通俗化したもの、その十三段は寛政十一年大坂道頓堀の豐竹座で初演されてよりこの方、別して傑作として人の心をとらへ、「太十」の名で親しまれてきてゐる。その場面の見せ場は夕顏棚の茂みから、現はれ出でたる光秀が、と一段と聲をはりあげる淨瑠璃の語りに乘り、武智光秀が登場するそのところである。その直前までは舞臺ではかしましく鳴く蛙、この蛙の聲がピタリとやむ瞬間の緊張のうちに、主君尾田春長を討ちとりながら、それまでは姿を見せることのなかつたこの光秀が、多分に意外性を見所の衆に思はしめながら、登場してくる。これよりさき、この武智方に追はれてゐるのが眞柴久吉、久吉はこゝで光秀が母の皐月の厚意を得てその居に宿ることとなつた。光秀は追つてきたこの久吉をここで刺さうとして、誤つて母を刺してしまふ。主君を討つた逆臣光秀は、はからずもこゝで實母をもその手にかけるといふことになる。すべてこれ光秀の「天人ともに許さざる行爲のむくひぞや、實の母を手がけるとはこれ何事ぞや、光秀どの」と責めたてる光秀が妻操の、哀しさなさけなさに身もだへし、血涙ともにくだる口說き、この口說きを聞き、さしも剛愎非情の光秀ではあるが、その肺腑を抉る光秀が悔恨、動搖と苦悶、操の口說きとともにこれ最大深刻なる役者の見せ場であり、「太十」の最も高揚した場面である。かうした悲劇の幕あけはといへば、光秀の出となる夕顏棚での、あのやかましくも鳴きたてゝゐた蛙の、ピタリと鳴きやむその空寂異樣の一瞬なのである。これ、このときまではそれとはわからぬ幽の一瞬が、それから次ぎへと展開を見せ顯となるその垣間見せなのである。顯界のそれこそあつてはならぬ悲愴なる悲劇をもらたし、かつ促したもの、さうした接點として、それはあるのである。人の世の顯はその裏は幽、その幽の裏の顯。幽のあとに顯が、顯のあとに幽があるといふのではなくして、幽と顯とは同時にもともと互いにあざなひあつて竝存してゐるといふのが人の世なのである。この幽と顯との兩者を內に包攝してゐるのが、人の世の實相なのである。斯うした峻嚴な事實を眼前に展開して見せ、かつ語るところあるが故に、この十段目は歌舞伎の大舞臺のみならず、芝居好きの村びとたちを內から促しての各地の村芝居にも、それこそいくたびとなく繰り返し上演されてきてゐるのである。

幽はそれ自體顯としては見ることはできないが、しかし幽はそれ自身ある種の力をもちつゝ、顯の世に滲透し、時を同じくして顯として竝在してゐるのである。かうした滲透してゐる幽の裁斷面、幽が自己を reell に眼前に見せてくれるのが「太十」の構成なのである。現實のきびしい人の世はかうした接點に始まる。大理石は彫像の基體である。それは彫像されるといふ勢能はこれをつねに幽として內に保有してゐるのであり、さうした勢能はどこまでも幽にとゞまるものではあるが、さうした幽にとゞまる大理石はみづからが彫らるべきを、つねに作家彫刻家によびかけかつは誘ひかけてゐるのである。その聲は藝術家にとつては幽の聲でありつゝ、同時にそれは顯の聲として、ハッキリとノミをふるふ彫刻家の耳には達してゐるのである。

三

梨園の長老市村羽左衞門丈は老《ふ》け役につきかう語つてゐる。

老け役は女形と同樣動きが少ない。觀客に目立つてはいけない。然し、することはしなければならない。客席には背を見せてゐながら、後ろ姿のまゝ自分を出すのである。昔から役者は後ろ向きになつてゐて、その役にみえたなら一人前と云つたものです。（平成一〇・二・一七、「毎日新聞」）

かうした心得を世阿彌は「目前心後」といふ云ひ方で說いてゐる。目前心後とは「目を前に見て心を後に置け」といふこと、これすなはち「舞智風體の用心」とするところであるといふ。舞智とはことさらに手足を扱ふことなくして、つまり格段の技巧はこれをこらすといふことなく、舞姿の全體の風情をそこに見せるといふことこれであり、演能者の目は目前左右までもつねに厚く心くばりして、見ることあらねばならぬは勿論ながらにしても、さらにその上に後姿はこれを覺えねば、姿の俗なるところはこれをぬけきることはできない、そこで心を後に置くことができるやうになれば、おのづと自己を見つめる離見の見として、花姿玉得の幽舞に至るといふのである。羽左衛門丈の言がこゝに思ひ合はされてくる。

さきに述べたやうに世阿彌の『風姿花傳』は觀阿彌の祖述、『花鏡』はその四十有餘の壯年から老後までにそれこそ習得しきり、圓熟しきつたその藝術論であるだけに、その示唆は深いものがある。世阿彌はこの『花鏡』に於て「せぬひま」といひ、「せぬこゝろ」といふことを說き、見所からすれば演能は「せぬところ」こそが面白いのだといふのである。

見所の批判に云、せぬ所が面白きなど云ことあり、是は爲手《して》の祕する所の安心なり。

およそ爲手の立はたらき、物まねの色々、ことごとくみな身になす態でないものはないのであるが、せぬ所とはさうしたわざとわざとの間隙のことなのである。このせぬ隙とはわざとわざとの間にあつて、油斷なくわが心を以てする綰《つな》ぎのはたらきそのことなのであるから、そのときその場では爲手の全機が現成を見せるといふこととなるのである。舞の評價はこの「せぬ隙」の表現ひとつできまる、といつてよいのである。

舞を止む隙、音曲を謠ひ止む所、その外言葉、物まね、あらゆる品々の隙々に、心を捨てずして用心を持つ內心也。此內心の感外に匂ひて面白きなり。

といふ。しかし此の內心のはたらきがそれとよそから見え、かつそれと知られるものあつてはよろしくない。もしそれがよそから見えれば、それはつまり一つの態《わざ》になつてしまふからである。どこまでも幽に徹するのである。幽に純一になるといふことそのことを通じて、この幽が幽であるがまゝに顯になるといふことでなければならぬ、とこのやうにいつてゐるのである。こゝに「せぬ所」の面白さがあるとするのである。

無心の位にて我心をわれにも隱す安心にて、せぬ隙の前後を綰ぐべし、是則、萬能を一心にて綰ぐ感力なり。

この「せぬこゝろ」が「するわざ」の前後に貫徹して表が卽ち裏、裏が卽ち表と一枚であらうとするそのところに、見からでもなく、また聞からでもなく、申樂が心より出でくるところのものとなり、世間からは無心の能とも無文の能ともいはれ、高い評價をこゝにうけることとなるといふのである。

ついては吾人が周邊の騷音はこれを「ものおと」または「ひゞき」といふ言葉で括つてしまふけれども、そのうちの美しい微妙な音はこれをむかしから「ものおと」とは云はずに「ね」とも「ねいろ」とも、或はやさしく「ねざし」といふしつとりとした言ひかたで、優にやさしい關心をその上に寄せてきてゐる。「ねになく」といへば訴へるやうに泣くことこれである。

思ひ出でて哭《ね》にはなくともいちしろく　人の知るべく嘆かすなゆめ　（『萬葉集』一一―二六〇四）

これ、わが心の悲歎のすべてを聲のうちに籠めて、訴へるかのやうに泣くこと、これ正に「心緒を述ぶる」歌であるわけである。

海原に霞たなびき鶴が音《ね》の　悲しき宵は國方《くにべ》し念ほゆ　（同上二〇―四三九九）

家念ふと寐をねずをれば鶴が鳴く　蘆邊も見えず春の霞に　（同上二〇―四四〇〇）

ともに家持の歌、鶴が音は鶴のなき聲だけではなく、家郷を深くも思はしめるさうした啼き聲なのである。鳥の啼き聲としてむかしから人の心をうつものに水鷄《くひな》あり杜鵑《ほととぎす》がある。水鷄も杜鵑も春來り、秋去るのであるが、六月の交尾期の水鷄の雄の啼き聲は、あたかも戸を叩くにも似たるものあるところから、その啼き聲をたゝくといひ、人の心の奥に連想をよび起すものをもち、誰か人あり門をさしたるかとあはれをさそふのである。杜鵑の啼き聲は美しいものではけつしてないが、人の叫び聲にさも似たりといふところから、人の戀しさを誘ふものとうけとられ、冥府から魂を迎へるたまむかへどりともいひ、死出の田長《たをさ》ともいはれたのである。ねには、吾人が心をして、顯からは眼や耳を以てしてはうかがふことのできぬ、幽なる何ものかに觸れしめるものがあるのである。『萬葉集』の巻十に、

大和には啼きてか來《く》らむ霍公鳥　汝が鳴くごとに　亡き人念ほゆ　（一〇―一九五六）

また式部大輔石上堅魚朝臣の歌に、

霍公鳥　來鳴きとよもす卯の花の　むた（共）にやなりしと　問はましものを　（八―一四七二）

がある。石上朝臣は大伴旅人の妻の大伴郎女が病み亡くなつたので、勅使として大宰府に弔問のため下向して來たとき、府の官人たちと記夷《きい》の域に登つてあたりを望遊《みはる》かしたときの歌であると詞書にある。霍公鳥は、あたりを散らす卯の花といつしよに、大伴郎女をどこかへ連れて行つてしまつたのかといふのである。このときの旅人の合はせた歌、

橘の花散る里の霍公鳥　片戀しつゝなく日しぞ多き　（八―一四七三）

であつたといふ。霍公鳥は幽の俤を偲ばしめるものを、もつてゐるのである。

和樂と洋樂との兩者を一つに融合せしめんとした作曲家に武滿徹氏がある。平成十年二月の三回忌にあたり、不世出ともいはれたこの人を識る人はかういふ。風は頬を撫で木の葉を搖すり音を發するが、通りすぎると同時に消えてゆく。鳥の囀りや風の音に氏は耳を傾け、深い憧憬をもつて生命や宇宙の音を聽きとり、聽きわけようとしたのである。顯に對する幽の音に聽き惚れたのである。一般に繪畫や彫刻、文學作品はいつまでも、誰がみても同じものが遺つてゐる。ではあるが音樂は彈奏者により少しづつねが變り、同じ樂譜を手にしてもけつして同じ姿にはならない。そして音が通りすぎると目に見えるものとしては、少しも遺つてはゐるものはない。演奏のそのとき幽は顯と一枚ではあるが、演奏が終ればすべては幽に包まれてしまふのである。演奏とは幽と顯とのそれぞれをして、永遠性と無限性とを人の上に直接釀し出させる藝術なのである。これが武滿氏の音樂理論であり作曲なの

であるといふ。（梅津時比古氏「武満徹の森の中で」、毎日新聞一〇・二・一〇）

洋樂は人の世の現實から隔別の音を用ひる。人間のものであるとする無意識の意識がそこにはあるからである。和樂、たとへば歌舞伎の外座《げざ》の演奏、ドン　ドン　ドンと輕くうちならす太鼓、これは太鼓の音ではなくて、實際に舞臺に降る雪の音そのものなのである。客席ではこれを雪の音ではない、太鼓の音ではないかといつてこれを斥けるやうなことはしない。雪の音とこれをうけとるのである。外座の太鼓は、ときにはよせくる波の音でもあり、川波のせらぎでもある。

ねいろに焦點を置く邦樂は拍子を缺くといふことは、めづらしいことではない。民謠でも追分節は歌ひ手がその思ふがまゝにある音を長く引張り、歌ひ手のもつ美しいねいろをことさらに聞かせようとする。その間三味線や笛などは意識してその手を休めるのである。つまり幽のねいろを聞かせようとする。院政期に盛行した男舞の白拍子、水干を着け立烏帽子、白鞘巻を帶び今様を歌ひつゝ舞ふのであるが、こゝでいふシラとは、伴奏の樂器がなかつたから素《しら》拍子の意味であらうとこれまではいはれてきた。しかし高野斑山博士は聲明に於ける拍子のことであらうと申してをられた。(5) 東大寺圖書館に收藏の『普通唱導集』はその奥書、永仁五年釋門の良季撰とある。この巻上本二に白拍子についての記載をもつ。

唱導とは『元亨釋書』の「音藝志」に演說也と規定し、法會の席上、庶品の啓迪のために讚嘆の麗句をつらね、音韻は優婉、身首を搖すり、哀讚をこれ主となして佛法を加《ま》す無上正眞の道と評價し、流《つた》はりて俳優の伎となるとある。この『普通唱導集』では白拍子につきこれを次のやうに表出して、かうある。

於初舞出　容儀嚴而挽目
至後踏施《フミマハル》　音聲妙而驚耳

ついで鼓打を表出して、

緩打チ急打ツ　合舞而辨首尾
左リ鼓ミ右鼓ミ　任手而存骨法

（復刻、「史潮」六―三、昭和一一）

つまり白拍子の所作とは踏みまはることであり、亂拍子に對するよび名そのこと、或は旋律のない拍子だけの舞でもあると、このやうにいふことができるのである。

邦樂では旋律や音色《ねいろ》を聞かせんがため、意圖的に和聲の伴奏はしばしば休止する。歌詞の部分はその意味よく聽きとれぬことあつたにしてもである。上方の地唄では歌詞の間《あひま》あひまに三絃が間を置いて單音的にポツン　ポツンと奏でられる。三絃のねいろよりも歌詞の旋律を聽かせようとしてゐるのである。近來耳にすることのなくなつた歌澤であるが、歌澤では歌詞の意味がほとんどわからぬまでに語音を引き伸ばし、その語音の伸びてゐる間はまつたくといつてよいほど、三味線の手はこれを休める。歌詞を伸ばすところに唄聲の音色を耽美させようとしてゐるかに思はれる。歌謠とは旋律と拍子とが面白ければ、歌詞の意味が通じなくとも、或は全く歌詞がなくとも立派に成立するのである。

『日本書紀』の齊明天皇紀六年十二月の條に百濟に救援軍を送り出さうとしたときのこととして、その敗績を豫言する童謠あり、ただ音をつらねただけのその歌詞では、その意味は的確には捉めない。書紀中第一の難解の歌とされる。武田祐吉博士の『記紀歌謠集全講』には、承平私記の訓以下橘守部の『稜威言別』まで諸家の訓みを擧げてはゐるが、岩橋小彌太博士の、

歌謠といふものは、旋律と拍子とが面白ければ、歌詞の意味は通じなくとも、或は全く歌詞が無くとも、立派に成立するものである。

といふ記述に聽くべきであらう。(6) 一般に邦樂の樂器はその音《ね》、唄聲に比すれば耳底に届く音量は乏しい。常磐津や清元、さらには笛に鼓、三味線などに合はせてはなやかにうたひあげる長唄は、その唄ひ聲の音《ね》色《いろ》の美しさに人は聞き惚れるのである。「今日もいそぐか早立の　旅人しげき橋げたに　聞くだに寒き冬の雨」と歌ひあげる長唄である。その歌ひをさめられようとするまさにそのとき、三味線の撥はピタリとこゝでとめられる。たゞきき惚れてゐた聽衆はその顔に、そのとき實際につめたい冬の雨が降りかゝつてくるのを實感するのである。樂器の音《ね》は幽を誘ひこみ、歌詞を唄ふその顯の音《ね》色《いろ》は、そこにえもいへぬ美しい艶を發揮するのである。唄聲の休止中、伴奏の樂器はそれぞれ自己の旋律を奏するのであつて、斯うした態様が洋樂には見られぬ和樂の特色である。しかもそこには歌詞と樂器の音《ね》とハーモニーが形成されるのである。顯と幽とがそれぞれ隔別のものでありながら、相互に相卽し相關しあつて音律の美を織りなすのである。

かうした顯幽相卽相關を意識的且つ意圖的に營むのが琵琶歌である。「たけきもののふも遂にほろびぬ」といふ語り、「それよりしてこそ平家の子孫は永く絕にけれ」と語りあげ語りをさめる平曲、その語りをさめのしるしとしてハッシとうちおろす撥の音《ね》、これは顯に在つて顯をその裡に包みこむ幽の足音なのであり、それは顯の人の上に膚接して人の上に迫りくる重厚なる幽なるもののあるを、人は肌膚《はだへ》にひしと感じとらしめられるのである。琵琶は舞樂では用ひられなかつたが、あたかも今日の三味線のやうに人に愛用せられ、『平家物語』以前から語りものは語られてゐたのであらうが、その琵琶法師の語りものにやがて『平家物語』が成立を見ると、琵琶うたにとり入れられるやうになつたのである。その語りは旋律に合はせてたゞ『平家』を語るといふものではない。『平家』を一句語り、それが終るとボロン　ボロンと琵琶をば彈きならし、彈き終るとまた『平家』を語るその語りくちは、平家の榮耀と凋落との短日月の間の落差のあまりのはげしさに、諸行の無常が今さらのごとく思ひ合はされ、ただただ感傷をさそふこと、深いものがあつたのである。そしてボロン　ボロンと彈奏される琵琶の絃の響き、その響きをばハッシとうちおろす撥の強い音で止めるそのところに人は、世には顯と幽とが互に繼起してゐるといふのではなくして、竝存し、ときあつては幽が顯にかげを曳き、顯の上に幽がそのかげをおとしてゐるといふ嚴たる事實に、ひしと思ひが致されるのである。撥の音《ね》は幽と顯との相關し相卽してゐるまさにその接點の象徵なのである。

註

（1）九鬼周造博士『西洋近世哲學史稿』上巻、昭和二三

（2）Ueber die Epochen der neueren Geschichte. Einleitung.（『世界史概觀』岩波文庫）

（3）『片品の民俗』、群馬縣民俗調査報告書第一集、群馬縣教育委員會、昭和三五

（4）西山松之助博士「歌舞伎の美意識」、『季刊日本思想史』一〇、昭和五三

（5）岩橋小彌太博士「白拍子」、『藝能史叢說』所收、昭和五〇

（6）岩橋小彌太博士「齊明紀の童謠」、『藝能史叢說』所收

幽と顯との現象學

虎は陽物、百獸の長、人は虎害をおそれた。そこで古人は悪夢をみれば虎の皮を燒いてこれを呑み、その爪を衣服に繋げて辟邪のしるしとしたと、『風俗通祀典篇』には見えるといふ。大坂道修町では神農祭に虎の人形を頒ち、民家で虎の好んでひそむ笹の葉を天井に懸けた。虎と人との結びつきは畏怖すべきものでありつゝ、その反面、虎は民生の保護のためにはこれをおろそかにできぬ、強い身方なのでもあつた。

一プラス一は二であつて、二マイナス一は一。論理としては誤りではない。しかし吾人が實人生にあつては一プラス一は三にもなれば五にもなる。二マイナス一は一ではなくて、限りなくゼロに近づき、ときあつては全くゼロともなる。夫婦の信頼と協力あるところ、一プラス一は二以上の成果をもたらす。夫を喪つた妻、妻を先立たしめた夫の痛ましい傷魂にあつては、二マイナス一は一となるのではなくて限りなくゼロに近づく。斯うした關係は人生でいくつも見るところ、これ算數の形式論理を超えた實人生の論理、人間存在の事實としての論理でなければならない。

歌舞伎の冴えた柝《き》は劇場の全空間をすべてとりこみ、靜まり返つた空氣を衝き破つて空間の中に消え去るのであるが、この柝は劇のいのちをきめるのである。役者衆や裏方、觀客席ではこの消え去つた柝の音《ね》が生き通しであつて、消え去つたのではない。舞臺では幽なる柝は生き通して舞臺のいのちのはづみとなるのである。この意味で幽はどこまでも顯なのである。これ心情の論理である。柝の幽は舞臺の顯と相關し相卽してゐるのである。

色彩は光だけから成るのではなく、光と闇とが寄り合つて生ずるのである。これ文豪谷崎潤一郎が陰翳禮讃でいふところ、この闇が積極的な意味をもつといつたのはゲーテの色彩論である。色彩には光と闇との兩極性あるを思はねばならない。斯うした顯と幽との、いはゞ相反する契機の相關と相卽との事實や事項を、本攷の主題とする。

一、橋——幽と顯との接點

東海道の武藏と下總との兩國を分つのは隅田川、この川に架けられた大きな橋を二州橋といつた。萬治三年の架橋であるといふ。しかし時人この名稱に馴染まず、兩國橋とよびならはして今日に及ぶ。はしとはものの端末はしを意味する。橋とは道のはしのことなのである。兩國橋でいへばこの橋は武藏の國のはしであり、川の左岸今日いふ墨田や江東の地はもと下總の國に屬し、下總の道筋のはしであつた。そこで兩國橋の橋詰は武藏の方から云へば武藏の國の道の終端であり、末端であると同時に、武藏の國のはじまるところであり、下總の側からすれば橋の起點は下總の國のはしであると共にまた、下總の國のはじまるところでもあるといふ關係にある。總じて橋は道の終端であると同時にまた、道のはじまるところなのでもある。橋は人を相互に結びつけるものであるとともに他方では、その結びつきを斷つものでもある。そこで川の右岸の武藏を顯とするならば、左岸の下總は幽であり、逆に下總側を顯とするならば武藏は幽、そのどちらに身を置くかで幽と顯とはこのやうにわかれるのである。武藏の人と下總の人とはもともと隔別のものでありながら、橋を介して武藏の人も下總の人も互に往き通ひ、觸れ逢ふことができるさうした場が橋なのである。

このやうに道は一定の地域の人を結ぶものであるとともに、橋は異なる地域を開示し、異なる地域に限りなく人を導くものなのでもある。この意味に於て道はそして橋は、道の終端でもあり、異なる世界に人を限りなくも擴がることを得させるものなのでもある。橋は異なる世界を吾人に身近に感じとることあらしめるものであり、馴染みの淺いよそ〻〻と出會ふことを可能にもするのである。斯うしたところの反省が橋といふ構造物に人をして、特別な靈性や聖性を認識させる所以となつたと思はれる。橋姫とはかうした橋を守る女神である。

日光東照宮の西南、大谷川の右岸は巨嚴水ぎはに屹立し、流水激しく巖を嚙む景勝の含滿ケ淵、そのむかし日光開山の勝道上人はことのほか、この大谷川の徒渉に難儀をきはめたといふ。こゝに架かるは山菅橋、世にいふ神橋である。橋脚は嚴石、橋桁は長さ七間の槻材黒漆で塗り固め、木部は朱塗、碧潭に映えて華麗その言葉を喪ふ。日光市野口に鎭座の日枝神社（生岡山王社）所藏の『日光山緣起』の記すところによれば、この山菅橋からみてすぐの上流に、出水のたびに出頭と沒頭とをくり返してきた大岩石、名づけて高座石といふがあり、神橋は神靈の示現するあるを祀る祭り場なのである。この高座石は深沙大王《じんじゃ》そのものと考へられてゐたのではないかと、東照宮高藤晴俊禰宜はいふ。(1) この高座石は明治三十五年の出水以來水沒して、今日のところその姿を見せてはゐないが、神橋上から見てその正面に深沙王祠が祀られてゐる。すなはちこの山菅橋、世にいふ神橋は、もとこれ高座石を拜する祭場であつたのである。幽なるものが顯に自己を開示するさうした場なのである。深沙大王とは玄奘三藏流沙をわたり印度に往返したとき、これを守護して危害なからしめた鬼神である。般若經守護の十六善神の一、同經巻首に置かれ奉敎鬼ともいふと、佛敎辭典に見える。

東照宮の東を流れ下る大谷川の支流稲荷川、この稲荷川を北に遡上すると天狗澤に行き當たり、その奥の龜山の幽邃に瀧尾神社が鎭座してゐる。天狗澤には木橋あり同社の神輿はこの木橋の上にとゞまり、法樂や祝詞奏上の儀が此處で執り行はれる。橋は神迎への祭場なのである。つまり幽と顯とが直接し互に觸れあふ場といふことである。そこでは顯がそのまゝ幽となり、幽がまた幽であるがまゝに顯となるといふ所なのである。雜誌『悠久』は〝神の橋〟を特集した(同誌六十七號平成八年十一月)。その口繪として須藤功氏撮影にかゝる宮崎縣西都市銀鏡《しろみ》神社の神木を収載した。この神社の背後には根株だけになつてゐる神木があり、そのすぐ前にユウギとよばれる細竹でしつらへた小さな七本棧の反橋が置かれてゐる。この反橋は神木に憑りくる神靈を神社に渡すものであるといふ須藤氏の解説があるけれども、日光の神橋や瀧尾神社天狗澤の木橋で見ることがあつたやうに、神迎への聖なる施設であると、このやうにこれを見ることができるであらう。大阪の住吉大社や東京龜戸の天滿宮に見かける反橋は、祭儀としてもと神迎への執り行はれる場であつたが故に、人に對してはその安易かつ手輕な歩行を意圖的に拒否し、ことさらに渡りにくい構造をとらしめてゐるのでなければならぬ。太鼓橋は、本來神迎へに深い關係のある施設であるといふことを表示するシメ繩と、ひとしなみの意義をもつ。

人は橋を以て異域や他界と出會ふのである。橋とはもともと道のメタモルフォーゼにほかならぬ。そこで橋とよばれる道の上で人が出會ふといふからには、吾人にとりそれはもともと全くゆかりも關係もない疎遠なる施設であるといふことはできない。出會はれたからには、人は出會つたそのときから、出會つたものとの間に結びつきができるのである。それは單なる行きずりの一回かぎりのものとなるか、それとも互にゆるしあふ深いものとなるかの別はあれ、出會つた人やものとは程度の差こそあれ、吾人と同じ世界に住むといふことになるのである。であるから、出會ふといふことはそこにいつも何がしかの思ひがけなさを伴ふ。人は自分の家の内にゐて、家の者と顔をあはせることがあつても、これを出會ふとは云はない。出會ふといふからには、出會はれたものの背後にある一つの世界に觸れあふ意外性をもつ、といふことなのである。神域の反橋は人がそこで神と出會ふ場なのである。

平岩弓枝女史の名作〝御宿かはせみ〟もまた、ほかならぬ川岸の、橋のたもとにある。すつきりとあかぬけした店がまへの宿〝かはせみ〟を舞臺に、くりひろげられる人々の哀感の數々の、しみじみとした味あひを綴る名作である。賑はふ街道筋の宿ではこの味あひは出てこない。

治承二年の十一月十二日、ときの中宮（のちの建禮門院）はことのほかの難産、平清盛の夫人二位殿は一條通堀川に架かる戻橋に車をたて、辻占を聞かれた。この戻橋は安倍晴明が十二神將をして呪封せしめたものを橋の下に置き、事あればこれを喚び出した。爾來人は事あればこれを喚び出すことにしてゐたといふのであるが、このときも十二人の童子が手を拍ちて橋を渡り、同聲に唱へ「榻《とこ》は何の榻、國王のとこ、八重の汐路は、波寄床」といつたといふ。のち壇の浦に沈むこととなつた安德天皇の御身の上に、人びとと思ひを寄せ、世人これを奇中の奇なりとしたとは『源平盛衰記』に見ると

ころ、辨慶が牛若丸とそれこそ運命的な出會ひをしたといふのも、京は五條の橋の上であつた。その

むかし延喜の世、文章博士三善清行が死に、その子淨藏が熊野參詣からとつて返すと、一條通りのこ

の橋の上で葬列に出會つた。淨藏が歎き哀しむと、その聲は地獄の幽官を動かし、父の清行は息をふ

き返した。そこでこの橋を人は戻り橋といふやうになつたといふのである。江戸時代、處刑される罪

人は市内引き廻しののちこの橋で花ともちとが供され役人は生まれかはつて眞人間になつて戻つてこ

いよといつて諭すのであつた。この橋から遠からぬ町中に晴明神社がある。今もこの橋桁の川床に立

つと、不思議な息苦しさを人は覺えるといふ。

以上、江戸の兩國橋では右岸の武藏側からすれば、對岸の下總側は幽であり武藏側は顯、神社の神

域からすれば反橋の此方は人の息づく顯、反橋の彼方は顯に對する幽、日光東照宮でいへば神橋は深

沙大王に接することのできる場である、とこのやうに申してきたのである。そして武藏の人が下總の

人と橋で出會つたにしても、そこで出會ふ人のすべてと武藏の人との間に生まれる思ひや、その感情

感覺は決して等しなみのものではないやうに、それこそ濃淡さまざま、意外さや思ひがけなさ、とき

には辨慶と牛若丸との間に見るやうに運命的なる出會ひもあるのである。それは論理を超えたものに

衝きあたる、といふことにほかならないのである。

吾人が生、それは日常性の論理に纏綿され、きはめて合理的な日々をいとなむものではあるが、か

うした合理の論理を超えた非合理の論理があつて、吾人が日常性の底を衝き破り、吾人が眼の前に出

現し展開することがある。たとへば吾人が生の論理では一プラス一はつねに二であるが、しかしいつも二となるといふものではなく、限りなくもゼロに近づき、時あつては全くのゼロにもなるといふこともあるのである。人々から祝福されて一家を成した夫婦の協力によつては一プラス一でありながら、そこに生まれるのは五でもあり十でもあるといふ大きな力にもなるが、夫と妻のどちらかを先立たしめたそのときの心の落ちこみは、それこそ二マイナス一は一ではなく限りなくもゼロに近づく、時には全くのゼロになる懼れなしとはしないであらう。これ論理の非合理であり、非合理でありつゝも同時にそれは合理でもあるのである。人と人との出會ひ、人と神との結びつきにつねに斯うした合理の非合理があり、そこに非合理を超えた合理がはたらいてゐるのである。顯と幽ではつねにその兩者の間に斯うした相關と相卽とが見られるのである。このことを顯幽は一枚であり一致すると安易にいつては誤りである。顯はどこまでも顯、幽はどこまでも幽でありつゝ、しかも兩者は相卽しその間に相關するものがある、といふことなのである。非連續の連續、連續の非連續、相互映發と鈴木大拙博士に倣つてこのやうにいふのが、[2]いちばん近いであらう。幽と顯とはその間に塡めることのできない深い裂けめがありながら、しかも顯と幽とはこの裂けめを超えた裏腹の關係にあるものなのである。もとより表がなければ裏はない。また裏がなければ表はない。表は裏を生むものであり、裏は表を生むものなのである。表と裏との兩者はであるからといつて、同一不二のものとなるといふことはけつしてない。こゝに現實世界の論理があり、これ卽ち人の生《よ》の論理なのである。

意味とは本來時間的なものでなければならぬ。この無時間的なるものが無時間的なる場に於て、吾人は生は內と外、表と裏、他者と自己とがそれぞれ內的な統一の關係にあるといふことが體驗されるそのとき、吾人が現實世界の現在が精神的《ガイステイヒ》乃至は靈的《ゼーリシ》なものと直接し、內と外、表と裏とが、幽と顯との相互が、相互の上に映發するものあるを感得するのである。幽がなければ顯はない、顯をして顯としてこれを支へ、これを成り立たしめるものあるを感得し自覺をもつ、さうした心的構造の端的な己證と反省、さうした認識と直觀、そのときその場にあつては一切の時の流れは停止し、時計の針は地上に墜ちるのである。これ見神であり、身心脫落であり、脫落身心である。一生參學の大事はこゝに了るのである。

谷崎潤一郎の『陰翳禮讃』は斯うした論理の機微、斯うした現實世界に於ける論理の現象學につき示唆するところすこぶる大きいものがある。谷崎はいふ、日本座敷の美は全く陰翳の濃淡により生まれてくる。日本家屋の屋根の庇が長いところから座敷の美は生まれるのであつて、陰翳のもつ祕密を日本の人はよく理解してゐるから、床の間は座敷の陰翳に深みを添へるのであり、淸楚な木材と壁とを以て凹んだ空間をそこに仕切り、光線は此處彼處に朦朧たる隈を生み出し、掛軸の落懸《おとしかけ》のうしろや花活《はないけ》の周圍、違ひ棚の下には闇ができる。そのため室の空氣がシーンと沈みきり、おのづと永劫不變の閑寂をそこに現出せしめることになつてゐる。西洋人のいふ「東洋の神祕」とは、かくの如き暗がりのもつ無氣味な靜けさを指すのであらうと。以下谷崎の筆はいよいよ冴え、吾人がとかく見おとしがちなる斯うした幽と顯との辯證法的なる相關相卽の諸相を、吾人が平常のいとなみの上に見出してゐる。谷崎がこの『陰翳禮讃』でいふところはそのまゝに、筆者よく言ひつくしがたかつた段々についての、本攷の適切なるコメンタールといふことができるであらう。

註

（1）「神橋傳説──勝道傳説成立以前の日光」、『大日光』六七號、平成八年八月

（2）『淨土系思想論』、法藏館、昭和一七年。釘宮武雄「淨土系思想論」哲學研究二八─八、昭和一八年

二、忌み負け

柳田國男翁の『山宮考』にいふ、伊勢外宮の禰宜家度會氏の氏神祭では、氏神と大宮の神聖な職務との間にはつきりとした區切りがあり、社家の祖廟の神事がもし參宮の當日にあたつてゐれば、これに詣づることはこれを避けたといふ。伊勢では服忌といふことを文字にするときには「服紀」とか、「服氣」とかいふ文字を宛てることにしてゐたといふ。忌みとは氣であるといふことの問はず語りの了解なのであらう。鎌倉時代の古い記録ではその氏神祭の後は、大宮參進の番にあたれる禰宜は沐浴するきまりであつたといふ。また都では十世紀頃の藤氏の貴族たちは、年末に山陵に奉幣する荷前使を故意に闕怠し、みだりに陵墓に近づくのを避けてゐたのであつて、このことは忌み負けといふ言葉

で説明してゐた、といふことが思ひ合はされてくるといふのである。『綜合日本民俗語彙』のイミマケの項の説明では、忌みのかゝつた家のこととして、次のやうな記載がある。村の人たちの間では、

忌み負けする人は親類でなくても忌みにかゝる。こういう人が山や畑に行くと、そこが枯れてしまう。反對に忌負けせぬ人は忌の期間中いろいろ景氣のよいことがある。忌負けする家筋としない家筋とがある。德島縣で緣故者が死んだとき、ハシリという病氣になるというのも、忌負けの一例であろう。

ところで漁村の人たちは何ぶんにも海上の生計をたてるのであるから、危險はいつもつきまとふ。そこで禁忌の遵守については別してきびしいものがあり、されば產小屋、月小屋も漁村に多く見られ、また兩墓制はこれを守るところも多い。ところがひとたび海上に出ると、陸上では忌避する死穢であるにかゝはらず、波間に漂う人の死屍はこれをオエビスサンといつて、福の神として拾ひあげるのである。豐漁の兆としてこれを舟にひきあげて陸地に戻るのであつて、そのときの作法がまたさまざまと傳承されてゐる（同語彙「エビスサマ」の項）。つまり漁民は、忌み負けをしないのである。忌み負けをするとしないとは楯の兩面なのである。このことは死者の遺體の埋葬場所として、屋敷の一隅にこれを求めるといふむかしからの風にも、相通ずるものがあるであらう。多くの人の擧げるところであるが、延曆十六年正月二十五日の條の國史にいふ、山城國愛宕郡葛野郡の人、死者あるごとに便ち家側に葬り、積習常となす、今京師に接近し凶穢避くべし、宜しく國郡に告げ、嚴に禁斷を加ふべし、若し犯違あれ

ば外國に移貫せよと、『續日本後紀』に見えてゐる。また京の八條北壬生西なる六孫王社は六孫王源經基の廟所と傳へられ、河内中河内郡天湯川田神社の鎭座地壁下の高井田には、壁面原始的繪畫の彫刻をもつところから知られてゐるが、こゝは横穴古墳である。鎌倉武士も代々の墓所をその館內乃至はその附屬地にもつものが多いといふこと、このことは、墓所をば極めて大切に取扱ひ自己平常の居所の近くにもつたといふことであり、神社として勸請せられては堀內鎭守とこのやうにいはれた。上州新田郡世良田の長樂寺には新田義季の墓と傳へる五輪の古墓あり、この持佛堂が發展して長樂寺となつたとは、奥田眞啓氏の名著『武士團と神道』にいふところである。

むかしからのほゞ全國的な習俗として、ミミフタギモチ、ミミフタギダンゴといふのがある。知りあひの死者と同年齢の者が、その人の死去したといふことを耳にしたそのとき、餅や團子でわが耳を掩つたり、餅で兩耳をさすり唱へごとしてからこれを川に流したり、或は酒盃の絲底で酒を飲んだり、かうした異常なしかたを敢へてこのとき、ことさらにするのである。死者との食ひ別れの心を寓して死の忌みを避けようとするのであるが、しかしながら、かうして忌みにつき一向に無頓着でゐられる人が世間には少なからずある。忌み負けしない人といふ。これは自分の上にふりかゝつてくる死の忌みの力をば逆に、自分の上に都合のよい勢能としてこれを身にうけ、自分の上に發散できる人であつて、忌み負けすることのない人たちなのである。つまり忌むべきものの勢能はこれをけつして自己の對立者とは思はない人たちなのであつて、地域社會や身內の間にかういふ人を少なからず見出すことができる。つまり忌むべきものの力は、これを對立者とは思ふことのない人たちなのである。

よく擧げられる事例であるが、白雉元年十月、難波宮造營にあたり宮の地にくり入れらるがために丘墓を壞られ、また遷されたる人に物を賜ふこと差あり、また平城京の造營に際し、かなりの古墳が削平され破壞を蒙つてゐることが、近來の平城京發掘調査で明かになつてきてゐる。斯うしたことがあつたからであらう、造平城宮司は墳隴發掘にあたつては遺骸を埋め歛め、幽魂はこれを祭るやうにといふ詔が下されてゐる。王城の地での住居は、墳丘と接することがあつたといふことなのであり、墳墓の幽魂については人これをあながちに畏怖する、といふことではなかつたのである。かういふことのためであらう、わが國の舊家では當今でも、日々の生を營む屋敷地の內に、或はそのすぐの近くに墳墓を營むといふことが、少なからず見うけられるのであり、舊家であればあるほどかうした事例は多いのである。

關東地方では中世このかた續いてゐる屋敷が多い。さうした舊家では屋敷の內に墓をもつてゐるのであり、また屋敷內に供養碑が逆修碑をもつてゐても、そこでは近世になつて見かけるごとき、墓石を墓域に林立せしめてゐるやうなことは、ほとんど見ることがない。皆無といつてもよいとは宮本常一氏の說くところであつた。このことは死者の多くは屋敷內に土葬され、やがて屋敷の守り神として祀りをうけるやうになつてゐたとも考へられるであらう。京都坊城通八條上ルの六孫王社はこれであつたと思はれる。死者の多くは屋敷內に土葬され、やがて屋敷神となるのである。愛知縣奥三河の北設樂地方では、屋敷內の老樹が神として祀られ、その枯れたあとに祠が營まれる。死者を葬つた上に植樹するといふのは、あながちに花咲爺ばかりでなく、古くから各地で見られた風習のやうで、山梨縣上野原などでは、その木が家の神としてまつられてゐたと宮本氏の論文[1]にある。多年實地を訇ふやうに精細緻密な研究を積みかさねた氏の言であるだけに、說得力が大きい。これら一連の氏の研究は、死穢の忌みを怖れてきたといふ古くからの云ふところとは大きく背馳する。[1]かうした屋敷內に所在する墓地のほか、人口稠密な都會地では公設の葬齋場が、その地域の鎭守社の境內に文字通り膚接してできてゐる事例も少なくない。勿論の事ながら神社境域とは樹木や垣で仕切つて眼かくしはされてはゐるものの、人々はかかる立地を奇怪なりと眉をひそめず、きびしい批判や抗議は必ずしも聞こえては來ない。こゝに高取正男氏が擧げる事例がある。[2]京都丹波の和知町細谷では明治三十年代になつて、村役場や警察の勸めで聚落から離れた山の中腹に共同墓地がつくられるまでは、同族團ごとに本家の屋敷の裏手に墓地をもつてゐたといふのである。家居の近くに遺體を埋葬するのは好ましからずといふ、ある種の禁忌意識に似たものは明治になつて、非衞生といふ言葉を行政當局や學校の先生に教へられるまでは、人々は別段これをあやしむといふことはなかつたらしい、と高取氏は申してをられた。佐渡では神社と隣接して立地してゐる土葬墓地の寫眞を、氏はその著『神道の成立』に收め、だかう述べてゐる。

天皇の代替りごとの宮居うつりを死の忌みによるとの考えは、久しいあいだ支持されてきた。だが死穢をきびしく忌む意識は奈良時代末から貴族たちのあいだに歴史的に成立したもので、これと等質というべきものがすでに大化前代にあつたとは思えない。（前記著二六四頁「淨穢と吉凶」）

およそ宗教的な情緒や感覺にあつては、つねに神祕性と畏怖感といふ二つの感情が同時に成立し、併存されたまゝ、吾人が上に及んできてゐる。そこには葛藤はない。葬送にあたつての兩墓制はかうした感覺の基盤の上に成立してゐるのであつて、そこから吾人が今日見おとしてしまつてゐる近代以前の思考の深層を窺ふことができるものがある。山村や漁村に厚く見かけられる兩墓制であるが、千葉縣鴨川市（もと江見町）天面《あまづら》は外房の豐富な漁場に惠まれてゐる。聚落は全戸佛敎、眞言宗の檀家、火葬した遺體は寺院墓地にいつたんは埋葬するのであるが、死後十三年たつとその秋の十月には「骨《こつ》あげ」といつて、埋葬の遺骸を掘り出し、石塔の立つてゐる先祖代々の碑の下に、あらためて納めなほすのである。(3) 肉體と靈魂との分離をはかるのである。そして二年を過ぎると聚落の共同墓地とは別に、株ごとの詣り墓にその共同墓地の土をすこし採つてきて、これを納めるといふのが丹波和知町本庄の例である。このことを「墓をひく」といつてゐる。（高取氏著『神道の成立』）

また鄕村の社や舊家では、近くで非業の最期をとげたものの墓だといつて、これを境內地や屋敷の一隅に鄭重に祀りをつゞけてゐるといふ例がある。さうした非運の氣の毒な星のもとに在つた人であるだけにその靈威を怖れ、これが祀りを廢するといふことに少なからず躊躇がともなふことである。なまじ非運の人であつただけにその靈威を怖れるのである。同時にその幽魂に祀りの至心をさゝげるならば、これが祀りを通してその人物が經驗したやうな非運から、これを防遏してくれるに違ひない、防遏してくれるであらうといふ期待が、それぞれの意識の下に息づいてゐるといつてよいであらう。かうして若宮信仰は、神祕性と畏怖感とが同時に綯ひまぜに一體をなし、微妙な平衡感覺の上に成立を見る宗教的な心情であり、忌みに負けることにはならぬといふ心意が無意識の意識、或は意識の無意識としてそこには、はらたいてゐるのである。神戸の湊川神社の社殿は延元元年の五月、楠公自刃の場と傳へる叢地に隣り合つて造營を見たのである。大正十二年九月一日の東京大震災に、多數の慘死者を出した所として知られる本所被服廠跡、この場所に建てられた慰靈堂慈光院の本尊阿彌陀如來の木像には、慘死者の火葬の灰を塗したといふ。(4)

水戸の武田耕雲齋以下水戸擧兵の人々は幕府の忌むところとなり、慶應元年二月越前敦賀の松原に處刑された。明治八年教部省令により、その遺屍を埋めた松原の處刑場あとに一祠を建て、三百五十餘柱の靈を合祀して松原神社とこれをいふ。また二宮尊德の遺德を追慕する人々は明治三十年、その終焉の地栃木縣今市に尊德を祀る報德二宮神社を營んだのであるが、この神社では社殿の眞うしろに在る尊德の墳塋を拜するといふ境內配置をとつてゐる。忌みといふことに全く關心をもたなかつたのである。それだけに祭神とする尊德その人に寄せる慕歸の念が、別して厚いものがあつたといふことなのである。

天明期の學者藤貞幹の『衝口發』に、

後世死を以て穢ありと云、埋葬の事も皆穢とす。上古はしからず、墓を以て祠として別に祠を立つることなし。

とある。この記述に加藤玄智博士は關心をそゝぐのであつた。その所說やや極端に奔るのきらひなしとはしないが、また納得できるものもある。されば加藤玄智博士は右貞幹の論を一つの論據として、神社の起りの始めの一として墳墓を擧げることができる、とこのやうに申されたのである。(4)

石見の國大田市に所在する物部神社は、土地の人のいふ「一宮《いっく》さん」であつて、人々の景仰厚い名社、明治四年には國幣小社に列せられた。祭神は宇摩志摩遲命、その薨後、この地の山貌大和の天香具山に似るものありといふので、命を土地の人のいふところの八百山の陽尾に葬つたと傳へ、神社背後には神墓をもつてゐる。(5)かうした事例は多いのである。出雲大原郡神原神社はもと古墳の上に營まれてゐた。昭和四十七年八月、すぐ近くに流れる赤川の河川改修に伴ふ工事のため、本殿を移したところ、本殿直下の古墳から景初三年銘の三角緣神獸鏡の出土を見、世の注目と關心とをひいたことは記憶に新しい。宮川宮司はこの古墳を境內にもと通りに復原してゐる。

註

(1) 宮本常一「屋敷神としての稲荷―關東南部の例」、『朱』一八、昭和五〇年
(2) 高取正男『神道の成立』、平凡社選書六四、昭和五四年
(3) 坪井洋文『民俗再考』所收「魚撈民の世界觀」、昭和六一年
(4) 加藤玄智『神道の宗教發達史的研究』、昭和一〇年

（5）『神國島根』、島根縣神社廳編・刊、昭和五六年

三、反對の一致(Coincidentia oppositorum)

民間で信仰されてゐる荒神はそのあらゆる場合、蛇神であつたといふのではないであらうが、東國の宇賀神とか出雲や近江、山城・丹波などではしばしば蛇體と考へられる。大津市山中の樹下神社の正月十五日の祭りでは、神社横の馬場にたてられた松二本に藁の蛇を張りわたし、その中腹には的を吊るす。當屋の六人は裃で正装し、大小二本の刀を腰にして社參、吉田流の射法でこの蛇に矢を射かける。射禮が終るとこの蛇をとりおろし馬場に横たへて參集の人たちがこれを全力で引きあふ。大蛇退治である。この社の五月十五日の祭りでは六人の當屋のうちから嫁入前の娘一人が選ばれ、花嫁装束で舟とよばれる長方形の折敷に供物を盛り、これを頭上にして搬びこの舟を神前に供へる。蛇神退治とその神和しである。素戔嗚尊と奇稻田姫との聖婚を意味する神事にほかならない。かうした事例は肥後和男博士の『近江に於ける宮座の研究』（東京文理科大學紀要、昭和一三）以下の研究書に、いくつも見ることができる。これらを通じて大蛇は必ずしも退治するといふ意味だけを示すのではなく、却つてこれと宥和するといふ形をとるものが多い。亭々と空に高い樹木の根もとで、トグロを巻いて括りつけられた蛇體の藁の前には、神饌が供へられてゐる。神は人を超絶するものでありながら、實は最も人間的なる

ものであるが故に、その悅ぶところは人に均しきものがある。そこで人は神に獻ずるに自己の悅ぶもの、好むものを以てする。つまり神和しである。美女を供へるといふのもその意味からである。かくて荒神は人に最も近いものとなるのである。荒神は屋内に迎へられて火の神、カマドの神となり、屋外のそれは屋敷の内のみならず、乃至は屋敷の外にまで勢威を伸ばして地域の守り神ともなり、日々の安泰とその保障といふ意味をもつものとして、うけとめられるやうになるのである。祟りやすい神はかうした地域社會での相互連帶の組織としての荒神講が、云はば自然發生的にうまれてくるのであつて、西日本で廣く見られるかうした講の祭儀には、荒神神樂が附帶して執り行はれ、太鼓銅拍子と笛の音に合はせて登場する大蛇は、祭具であるとともに水の神でもあり、ひいては五穀豐饒の招來を約束する神でもある。『今昔物語』などを見ても、蛇と水との結びつきを語るものが多い。

『遷却崇神祭祝詞』には、荒ぶる神を神攘ひに攘ひ給ひ、神和しに和し給ひて、語問ひし磐根樹立草の片葉《かきは》も語止めて、大倭日高見國を安國と定め奉つたとある。こゝにいふ神攘ひと神和しとの兩者は、いはゞ相互に限定しあひ、矛盾し對立的な意味をもつやうに思はれる行爲である。それにもかゝはらず、そのプラクシスはひとしなみの效果をもつものとしてうけとめられ、もと互に通じ合ひ融卽する契機をもつといふことが、問はず語りのうちに直觀的に把握され、意識され納得されるものがあつたといふことなのである。

神和しの手段として幣帛が進められる。その品々とは明妙照妙、和妙荒妙ほか奥津藻菜や邊津藻菜の海菜までも横山の如く置き足らはす。天孫の降臨にあたり葦原の中つ國はいたくさやぎてありけりといふのであるから、大己貴神も荒ぶる神としての性質を、もともつてゐたといふことなのである。書紀一書に見る高皇產靈尊の勅、汝は天日隅宮に住むべし、今供造りまつらん、即ち千尋の栲繩以て結ひて百八十紉にせん、その宮を造る制は柱は則ち高く、板は廣く厚くせん云々とあつて、かうした壯大な建造物の造營を見て、「汝が祭祀を主らん者は天穗日命是れなり」といふ特命があつたといふことそれ自體が、特記すべき大きな神和しにほかならない。

ついては大蛇の凶邪を除き、これを攘ふといふことは、その裏を返せば幸福を招致するといふこと、これすなはち對立し矛盾する凶邪と招福との相關と相卽である。その例として假面がある。信濃と遠江・三河の國境を大波のやうに伸びゆく山竝みの間、天龍川を遡上した三河北設樂の山中、二十餘りの聚落での冬の夜を徹しての霜月祭は、花祭りの名で知られてゐる。十日間にわたるいくつもの祭儀をば、關係者たちは嚴重な潔齋をかさね、幾たびもの稽古を積みあげて新しい年を迎へるための祭りなのである。その舞ひはその名からしてもと巫女舞であつたと思はれる市の舞、次いでは花笠をつけた幼童の花の舞から始まり、深夜の鬼面《おもて》をつけた舞臺に至り祭りは最高潮に達する。村人はこれを「やまみさま」「さかきさま」といつて、畏怖の思ひにあはせて同時に、その畏怖の念からにじみ出た畏敬の念をもてこれを迎へ、これと相對する。鉞《まさかり》をうち振りつゝ舞ふ鬼に禰宜は榊の小枝を持ちて近づき、鬼の肩をつゞけさまにうちしづめ、こゝに鬼と禰宜との問答の「もどき」の場面になる。

こゝで鬼は「伊勢皇太神宮、熊野權現、富士淺間、所は當所御神の神の稚子《わくご》を舞ひ遊ばす、千代の御爲に」といつて、禰宜の手にする榊を迎へとり、みづからの手草として舞ふ。この場面鬼は神となつてゐるのである。されば鬼面は祭りがすんだのちも、聚落の關係者は極めて鄭重にこれが保管に心をくばり、次の年の祭りにそなへるのである。(1) 假面は攘凶と招福との二面性をもつ。鬼の面《おもて》は鬼を攘ふと同時に人々の上に幸せをもたらすのである。禊祓は凶事祓であるとともにまた、吉事を招き寄せるがためのプラクシスなのである。『釋日本紀』(巻七、述義 三神代上)では手端吉棄物、足端凶棄物の述義としてかう說いてゐる。

師說、凡解除之道、必有兩種吉凶是也、吉解者是招禱吉事也、凶解者卽除却凶事、兼招吉事也。

そしてその結論として「解除之道　闕一不可也、故兼用吉凶二解也」といひ、「千座置戶」の述義の條では、解除の道は必ず吉凶之兩種有りと說き、「招禱壽福、攘退災殃、是解除之本意、吉凶之兩道也」、すなはち吉解と凶解とは表と裏との關係であり、相互に別々のものでありながら、その根底その意義に於ては互に融卽しあふものをもつ、ということなのである。

出雲の國の仁多町といへば斐伊川の上流、こゝに八頭《やたう》とよぶ地あり、松江市佐草なる八重垣神社の舊蹟である。ここの路傍には「元結掛松」といふ榜示をもつ巨松あり、かうある。

此地は素戔嗚尊が稻田姫を娶り宮居ひし所にして、此松は姫が元結を掛け髮を結び給ひしと。後世の人これに元結を掛けて、良縁を祈願す。

この地が奇稲田姫の鄕里であるといふのである。この地に近い斐伊川の邊に天淵《あめがふち》あり、大永三年の撰といふ『山陰道出雲州仁多町三澤鄕樋河上天淵記』にいふ、この場所に著しく見られる銕塢は八岐大蛇が八頭坂底に通つた熟路にして、東岸盤渦の底に三尺餘の圓穴あり、けだし蛇の窟宅であらうと。この八頭から西一キロの山中に、もと大蛇が棲んでゐたといふ池がある。そこから元結掛松までの山坂が大蛇が通つた八頭坂で、この坂の傍なる八頭瀑といふ小さな瀑布は大蛇のゐたところであると、土地の人は云ひつたへてきてゐる。このことは『天淵記』にいふところとは背馳がある。もともとこの簸川沿ひに大蛇についての傳承が多く、木次町の八本杉は寸々に斬られた蛇の體が流れついたところ、皮原といふ地は腹の皮の流れきてとゞまれるところであり、三刀屋町の尾崎は八つの尾の流れ落ちた處であるといふやうに、大蛇傳承は人々の胸のうちに今日もなほ生きてゐるのである。

この八頭といふ地名はただちに『常陸國風土記』行方の郡にいふ夜刀の神を連想させる。屋刀の神は風土記ではその形蛇形の身にして頭に角ありと分註がある。相模の方言で、奥まつた谷をヤツといつてゐる。夜刀の神とは、谷の神といふことである。また京の北鞍馬の西の貴船神社、祭神は高龗神、社殿の前方に石を積み舟の形をなすがある。古き代に祭神が淀川を溯上してこゝに到り留まるやうになつたとき、その乘れる舟を覆したものがこれであるといふ。貴船の神はもとこれ河水の水源であり、龗といふ表記それ自體水を司る龍蛇神であることを語つてゐる。されば炎旱や霖雨、違作さらには天下の大事には朝廷の祈願あり、祈雨には黒馬、止雨のためには白馬が獻ぜられるが例であつた。弘法大師が內裏の禁苑神泉苑で七日間『請雨經』の法を修したとき、壇の石に五尺許の蚰出でて寄りくるあり、池に入つたとみるや俄に空陰り戌亥の方より黒雲湧き出で、さしもの旱魃こゝに終熄を見た。このことありてのち天下炎旱あればこの神泉苑で請雨經法が執り行はれることとなつた（『今昔物語』巻一四第四十一話）。この話は天長元年三月神泉苑での空海と西寺の守敏大德との、法力爭ひといふ傳承の潤飾であるが、この請雨の場面に蚰を登場せしめてゐるのは、蚰とはもとこれ水の神であるからである。

素戔嗚尊が劒光一閃退治した八岐大蛇とは水の神であつた。『出雲風土記』のいふやうに出雲大川はその上流の横田から出雲五郡に豐饒をもたらし、草木またよく叢り生ひ、河に便りて人々その生を營むを得てゐるのであるが、この大川時あつて溢流岩を嚙み土石を捲きあげ、田畑殘らず押し流して或は瀨となり淵をなす、水の色變じて赤酸漿をなしていつさいを押し流すのであるが、この大蛇を退治して稻田姫を娶したといふのは、治水の成功を意味するであらう。水の害をとりはらつたといふのはつまり素戔嗚尊がまた水の神であるからのことなのでなければならぬ。八岐大蛇退治といふのは、水の神が水の神を退治したといふことにほかならぬ。退治する水の神は同時に退治される靈威そのものなのである。(2)祀られる神はまた祀る神でもある。兩者は相互に矛盾的に對立しつゝ、しかも自己同一の關係にあるといふことなのである。かうした兩者は畢竟同一の存在であるといふことを說いたのは、一條兼良の『日本書紀纂疏』がおそらくはその最も早いものの一つであらう。かういふ。

此の一段の因緣、神道不測の妙用より出づと雖も、其の理に至つては卽ち佛教によりて解說すべし。夫れ大蛇は無明の體也。根本無明といふは是れ不覺の一念なり。轉じて八識と爲る。八識各々能變所變あり、故に名づけて八岐大蛇と曰ふ。素戔嗚尊八大罪有り、其の能作は心に在り、所作は事に在り。能所を合はせて首尾各八の大蛇となる者也。……故に其蛇を寸斬すと曰ふ。頭より尾に至り最後卽一寶劍を得たり。是れ根本智の喩なり。蛇尾劍有るは無明卽法性なり。劍を以て劍を得るは始覺本覺の義なり。素尊神に至るなり。（原漢文）

退治されるものは退治するものと同一一體のものにほかならぬ、といふことなのである。紙の裏と表は別箇のものでありながら、表を缺いては裏はなく、裏をもたぬ表はない。表と裏とは相對しつゝも、一方を缺けば他方はあることはできない。もとこれ相關相卽一體の關係にあるといふことなのである。祭儀に登場する蛇體は現象的には秩序を脅かすものでありながら、本質的には同時に世の秩序と穩ひとをば約束するものなのである。

平面幾何學でいふ直線は圓となるといふことはない。しかし無限大の半徑をもつ圓は直線となるのであり、無限小の半徑の圓は位置だけがあり幅も大きさもたぬところの點となる。多角形と圓とはけつして一致するものではないが、しかし無限の角をもつ多角形はその窮極に於ては圓となる。反對のものはその無限の域にまでこれが推及を深めるそのときには、兩者は同一に歸する。無限大は無限小であり無限小は無限大、可能性と現實性、本質と存在とは一つのものであるといつた十五世紀の二コラウス・クザーヌスの論理 Coincidentia oppositorum がこゝではからずも思ひ合はされてくる。『老子』にもまたかうある。

曲は卽ち全、枉れば則ち直く、窪めば則ち楹ち、弊すれば則ち新、少からむとすれば則ち得、多からむとすれば則ち惑ふ。是を以て聖人は一を抱くを天下の式《のり》とす。（『道德經』第二十二章）

或はまたかうもいふ。

（夫れ道は）その上（本體）皦《あきらか》ならざるもその下（現象）は昧《くら》からず。繩々として名づくべからず。強ひて名づけむとすれば无物に復た歸す。（仝上第十五章岩波文庫）

かつて和辻哲郎博士はわが上代に於ける神の意義を攷究し、わが古傳承のつたへるところの祀られる神がみづから、同時にまた祀る神でもあるといふ、かうした神についての理解と把握があることを、析出して見せてくれた。すなはちみづからは祀ることなく、たゞ祀られるのみとしてある神とは別に、斯うしたいはゞ辯證法的な存在の構造をもつ神のあるといふことを、明かにしたのであつて、博士はいふ、祭祀の呪力はノエーマ的には山川の神々に投影されるのであるが、それと同時にまたそのノエーシス的には神祕性發現の通路として、祀るものも神祕性を帶びることともなるのである。さうした神祕力は常にノエーマ的には限定されることのなき背後の力として、神々を神々たらしめつゝ、も、それ自體は神とはならぬ根源的なエトワスなのである。(3) かくの如き根源的なエトワスはこれを對象的に把握することなく、どこまでも自證的に奧底に流れる生命の心的滲透の直觀として、表詮を超えたものとのシンパチアとしてうけとめることなのであるといふ。博士がいふ祀られる神とはそのまゝ、同時に祀る神でもあるといふ辯證法的な相卽相關的關係は、本書の著者がいふところの退治する神とはそれ自體退治される神であるとする思考の論理と、連關を有つといつてよい。怨靈は祀ることを通してその怒りを鎭める。怒りを鎭めればそのまゝにそのとき、この怨靈は福を招くやうになるのである。冤に沈んだ菅公の靈は、後人が冤に沈むなきを期してゐるのであり、夢窓國師を開山として、後醍醐天皇の菩提のため、もと龜山上皇の仙洞御所であつた龜山殿の阯に禪刹を營み、御冥福を祈るべきを國師は切に勸めるのであつた。『太平記』にはかうある。

宇治悪左府ニ官ヲ贈リ、北野天神ニ爵ヲ奉リ、讃岐院隱岐院ニ尊號ヲ謚シ奉テ、仙宮ヲ都ニ遷奉リシカハ、怨靈皆シツマリ、却テ鎭護之神ト成セ給ヒ候ナル物ヲト申ケレハ、將軍モ左兵衛督モ、此議誠ニ可然トソ肝心セラレケル。（西源院本、第二十五巻）

後醍醐天皇はもと怨靈であると、足利高氏にも直義にも把握されてゐたといふことなのである。菅公は崇められて自在天神と云はれた。これ佛教と神祇との觀念が結び合はされた稱號であり、破壞神と吉祥神とが一つになつてゐる。眞壁俊信博士の研究では『百錬抄』應徳二年七月の條に、「鳥居打額、其銘福徳神」とあるところから、自在天神はもはや怨靈神ではなくして、吉祥神そのもの[4]と人々にうけとられてゐる、としてよいであらうと申される。クザーヌスのいふところの論理の展開をこゝに見るのである。招禱福と攘退災殃とは、互に相容るなき絶對的な對極の關係にありながら、現象をして現象たらしめるそのはたらきの裏には、互に相通ずるものが認取され感得されるものがあるのである。『老子』の言をかりるならば、營《こゝろ》と魄《かたち》とを載《やす》んじて一《まこと》を抱き、よく離るゝことなき關係にあるといふことなのである。人の上にはつねに何らかの苦しみから免れることができないから、また幸せが過去にあつたのであるから、未來には晴れた日が必ず訪れてこないことはないとするのである。冤に苦惱するが故に、その魂は、人がときあつてその蒙ることのあるべき冤から、人を祟るのである。人の上にともすればかゝりがちの妖氣は、これを攘退するのである。『釋日本紀』にいふやうに凶解は除却凶事、吉解は招禱吉事、祭儀の鬼面は祓攘であると同時に、祓攘がそのまゝ招福に通ずるものをもつのである。

平安前期仁明天皇の承和五年このかた、師走の十五日或は十九日からの三日間、徹夜徹宵宮中や諸國寺院で導師僧に佛名經を誦せしめる佛名會が修せられた。この法會は年內の罪惡を消滅させる法會で室町期に中絕したのであるが、『枕草子』にいふやうに「御佛名のあした、地獄繪の御屛風をとりわたして、宮に御覽じさせ給ふ」が例であつた(第六十九段)。清少納言はこの地獄繪を直視するのが怖ろしかつたといつてゐる。人の畏怖するものは同時に總じて、人にとりおぞましきもの、好ましからぬものを拂攘するはたらきを、その反面にはもち合はせてゐるといふ理解がそこにはたらいてゐるのである。招禱と攘退の二極はその根底にあつては、互に通じ合ふものがあるといふことがそこでは無自覺的に、自覺されるものがあつたといふことなのである。佛名會は邪惡はこれを辟け、罪障はこれを浄めるがための法會なのであるから、歌にも日記にも、或は物語にも、佛名の日は罪障の消亡を雪の白きになぞらえて降る雪を待望し、雪のことを言はぬものはない。「くちをしきもの、節會佛名に雪ふらで、雨のかき暮し降りたる」（『枕草子』八十五段）とあり、『梁塵祕抄』巻二の懺法歌にはかうある。

一心敬禮こえすみて、十方浄土にへだてなし、第二第三かずごとに、六根罪障つみ懺す。

こゝにいふ「一心敬禮」とは法華懺法はじめに十方三世の「一心敬禮十方一切常住佛、一心敬禮十方一切常住僧」と澄んだ美しい聲で朗唱するそのときに誦する「一心敬禮」であって、その一心敬禮は至心の表白そのものとされてゐたのである。そしてこゝにいふ第二第三とは懺法にある「第二第三亦如是」であり、法華懺法初頭に「一心敬禮十方一切常住佛、一心敬禮十方一切常住僧」とあるをうけての詞章であつて、(5) かく一切諸佛に對し一心敬禮を誦して、六情根の罪障はそのすべてが消散し、十方浄土へだてなき心證を自得することとなるといふのである。

およそ吾人が認識は對象に從ふのではなく、對象が逆に自己の認識に從ふのである。對象とする事物事象Aが對象として在るといふことは、Aそれ自體が何かにより存在せしめられてある、といふことなのである。かゝる意味に於てそこに現在するAは、本來一個のイデー的なる意味あひをもつのである。フッセルはこのことを意味附與乃至は意味充實のはたらき、(Bedeutungserfüllende Akt) といつた。であるからして、さうした Akt にあつては自は他に通じ、他は自に相通ふのである。およそ形式論理の世界では、現實の事物や事象は常にＡでありつゝ、同時に非現實のＡなのである。而してその非現實のＡはまた同時に非現實のＡであるがまゝに現實の世界の事物なのであり、事象なのである。現實世界は本來形式的論理の原則を超えるものをもつ。であるが故に退治される水の神は同時に退治する水の神であり、忌みはもとよりこれをつゝしまねばならぬのであるが、その反面には忌み負けをしらぬ人が世にはあるのである。怨靈はもと怨靈でありながら、福徳吉祥の神でもあるのである。吉解と凶解といふ斯うした背反する、いはゞ相互に矛盾する二つの契機が、もともと別個のものでありながらも、その根底にあつては非連續であり非同一でありつゝ、しかも同時に互に連續しあひ、表と裏とが一つに相通ふものがある、といふことを考へんとしたのが、本篇の趣旨とするところ、そこには非合理の合理があり、合理の非合理があるといふことを見ようとしたのである。

註

(1) 早川孝太郎『花祭』民俗民藝叢書、岩崎書店、昭和三三年
(2) 肥後和男『日本神話研究』所收「日本神話に於ける國家起源の問題」、河出書房、昭和一三年
(3) 和辻哲郎「上代に於ける〝神〟の意義」、『思想』、昭和一〇年六月
(4) 眞壁俊信『天神信仰史の研究』、續群書類従完成會、平成六年
(5) 小西甚一『梁塵祕抄考』「懺法歌」三省堂、昭和一六年

幽顯の相卽相關の哲學

保田與重郎氏の『日本の橋』にかうある。ローマ人は荒野の中に道を作つた人々であつたが、日本の旅人は山野の道を歩き、道の終りに橋を作つた。はしは道の終りでもあるが、その終りは遙か彼方へつながる意味でもあつたと。道のはし（端・橋）は同時に道のはじめなのである。橋はさうした二つの契機が互に切り合ひ切り結ぶ接點なのである。ドイツ語でいふ hin と aus とが同時に相接するといふ場所なのである。

能の舞臺、おし詰めたやうな緊張を切り捨てるポンといふ音は鼓、そのポンはそれまでの流れを停止させるポンでもあるが、同時にそのポンは新しい流れの出立をば意味するポンでもある。顯と幽との交錯する接點でもある。日本刀の銘刀、その白刃の上に見る緊張した寂けさは、人心をいやが上にも寒からしめるのであるが、同時にそこに言葉を超えた美しさを、人は認めるであらう。切るといふ顯の機能はえも言はれぬ幽の美を同時に伴ふのである。顯と幽とは銘刀の白刃の上で交謝し、相卽し相關しあつてゐるのである。

本篇が探究するのは、吾人が日常世界で感得される斯うした幽と顯とが、互に相卽し相關してゐるといふ事實である。斯うした相關相卽の事實は知識の域のものではない。吾人が深層での意識である。これ、日本文化なり日本思想の探究と究明のためには、看過することのできぬ槓杆をなす契機であると思ふ。

花祭りの場に參加する舞人も、舞を見つめる村びとも、その場では、それぞれの上にあつては、それぞれの過去も消えてなく、ゆくさきの不安のいつさいが、未來すらもが頭念をかすめるといふことはない。不安もなければ野心もない。ただ顯と幽とはそこで交錯し、互にあざなひあふ、いはゞ時間のない、時間を超えた時間の陶醉のうちに立ちつくすのである。顯と幽とが相卽し相關し、相互に參入しあつてゐるさうした實を、こゝに見るといつてよい。

一、武滿徹の作曲　空海『聲字實相義』

幽と顯とはおのおのそれぞれは別個の概念でありながら、これをひとつゞきに云ひなして「幽顯」または「顯幽」と云ひつゞけてゐる。古くは『日本書紀神代巻』では顯露の事は皇孫これを治むべく、大己貴神は幽れたる事を治めんとあり、一般の漢和辭典では幽とは隱なり闇なり、顯とは光なり明なりと說きなされてきてゐる。この顯幽分任の神勅に關連してであるが、同じ『書紀』舒明天皇元年の條では「幽顯屬心」とあり、こゝではカミもヒトもいふ訓が與へられてゐる。漢土の古典『莊子』の天運篇では「鬼神其の幽を守る」とあつて、「幽」は陰微にして眼には見えざるの義、神靈界をさし、人間界は「顯」を以てこれを表はすとしてゐる。この『莊子』に「幽顯心に愧づる無ければ獨り行ひて懼れず」とある。幽とはすなはち人の眼からは見ることのできぬ隱れたもの、乃至はさうした場所といふのが正しいであらう。幽を以てたゞ死後の世界をいふとするのは些か短絡的である。そこで『書紀神代巻』では顯露之事と相對する幽事をば、カクレタルコトとも或はまたカミノコトとも訓んできてゐるのである。『古事記序』に「出入幽顯、日月彰於洗目」と見える。

ついてはわが古典たとへば『神代巻』には「草木みなよく言語《ものい》ふ」とあり、『常陸國風土記』信太の郡の條には「天地の權與《はじめ》草木言語《ことと》ひし時」云々、香島の郡には「荒振神ども又石根木立草の片葉も辞言《ことと》ひて、晝は狭蝿なすさやぎ」云々、『出雲國造神賀詞』に「石根木立青水沫も事問ひて」云々と見え、吾人をとりまく環境の自然は、もともとよくもの云ふ存在なのである。しかも斯うしたもの云ふ主體といへば、吾人の眼を以てしては、これをぢかに見ることが必ずしもできぬ。いはゞ幽なる存在であるといつてゐるのである。

シューベルトはたまたまゲーテの詩集を拾ひ、これを讀んだその感動から、教壇で兒童に算術を教へてゐるそのさなか、激しい思ひに搖れ動き、直ちに樂譜となつて胸中に氾濫したといひ、月明の夜ベートーベンの胸中に漲溢するものがピアノの鍵盤を敲かしめ、こゝに名曲が成つたといふ。およそ表現するといふことは內的なるものの客觀化であり、觀念的なるものの實在化なのである。いはゞ幽にとゞまるものが顯なる世界に自己をもたらしめたのである。顯の世界に表現されるといふことは、感性の中に溶けこみ融けあつてゐる幽なるものについての、直接的なる內的直觀である。幽が顯に、顯が幽に出入するといふことこれでなければならない。平成八年愛惜のうちに他界された作曲家武滿徹氏がある。日本の音樂と西洋の音樂との融合をはかり、他の追隨をゆるさぬ獨自の境域をきりひらき、それこそ當代最高といふ名聲をかち得てゐた御仁である。氏は生前斯う申されてゐた。私は作曲の仕事は無から有を形つくるといふよりは、すでに世に遍在する歌や聲にはならないつぶやき（嘯）、さうしたつぶやきを聽き出す行爲ではないかと思つてゐると。氏はいふ、音は生きものである。“From the blows what you call time.” この曲を聽くと、どこからか空の高み、或は精神の彼方から水が流れてくるやうに聞こえる。それは泣きたくなる時にやさしく包んでくれる風の音、水の曲である（「毎日新聞」八・二・二六）と。また斯うも云つてをられた。私は音を使つて作曲するのではない。音と協同するのである、作曲とは音が語りかけてくる毀れやすい言葉の表情のいろいろを、聴きとる作業なのである。その意味で空とか海とか、木とか木の葉とかに私は御禮を云ひたい（『時の園丁』）と。つまり、どこまでも幽にとゞまる幽の音を聴きとり聴きわけ、これを顯にまでもらたすさうした氏の作業が、內外の高い評價をうけしめた所以なのである。二宮尊德が「聲《おと》もなく香もなくつねに天地は　書かざる經をくり返しつゝ」とその體驗するところを詠んだのは、かうした武滿徹氏の所説ときはめてよく相通ふものがある。こゝで尊德は「聲」を「おと」とよましめてゐるところに留意したい。音は聲なのである。

弘法大師空海に『聲字實相義』といふ撰述がある。弘法はいふ、「內外の風氣纔に發すれば必ず響くを名づけて聲といふなり、響きは必ず聲に由る」と。聲は弘法では音のことである。地水火風の四大相觸れゝば音響は必ずこれに應ずる。これを名づけて聲《しょう》といふとある。眞言とは聲であり、聲とは語密。法身の名字はといへばこれ聲。聲は實相であるとこのやうに弘法がいふのはつまり、四大に空を加へての五大に必ずみな響きあり、その聲が存在を規定するとこのやうに云ふ。存在とはおよそ聲なくしてあり得ぬといふことを云はんとしてゐるのである。十界すなはち佛界も菩薩界も、はたまた緣覺界や聲聞界をはじめとして、天界人界、世の一切界は必ず言語を具してゐるのであり、存在するものにして言語を具せぬものはない。草木もつねに言語してゐるといふのである。弘法の『性靈集』巻二「大和國益田池碑銘幷序」には諾冉二尊に國常立尊、ならびに八咫烏の傳承を採り、巻一所収「小野岑守の陸奥守に贈る歌幷序」に見る毛人羽人の記述は、景行天皇紀四十年の條に記された蝦夷の風俗の記述に據るところあるを思はしめるものあり、巻四淳仁天皇の御即位を賀し奉る表文に見るところの、「幽顯倶歡、動植憑恵」とあるその幽顯とはカミもヒトもといふことで、舒明天皇紀元年の條に見る「幽顯」にほかならない。弘法が書紀を少くとも神代巻は、これを借覽した證となるべき書翰が『高野雑筆集』巻上に見るといふことは、夙に太田晶二郎氏が學動※としてあるところであつて、草木つねに言語ふといふ感覺は、弘法その人の意識に生き生きとしてあつたと思はれるのである。わが國びとの言靈の思想やその觀念は、かうした構造の上に成り立つ思惟であり思考であらう。『古事記』では出雲の大國主神は自己の發言よりも八重事代主神のそれを重しとし、この事代主神が神々の御尾前として仕へまつれば、違ふ神はあらじと申されたとある。事は言辭《こと》である。五大はみな響きあり、音の響きは弘法の言ひざまに從ふならば、これ法身の名字そのものと直觀され、自證されるといふのである。

葛城の一言主神の傳承がある。惡事も一言、善事も一言、言離の神である。雄略天皇はこの神に御自身の御刀また弓矢を始めとして、百官の衣服を脱がしめてすべてこの神を拜し、これらすべてを獻らしめたとある。事代主も一言主もともにこれ五大の響きであり、十界そのものが具する言語なのである。

わが『延喜式祝詞』ではその言辭、おほかたにわたり對句の列擧と反復頻りなるを見る。鰭廣物、鰭狹物、奥津藻菜に邊津藻菜、高山の伊穗利には短山の伊穗利、明妙に照妙、朝の御霧に夕の御霧、朝風夕風の吹き掃ふ事の如くといふかうした表現のしかたは、その辭句、壯重さをうたひあげるがための修辭であるには違ひないが、わが上代びとがかうした修辭法を好んで用ひるそのわけは、かういふ次第からであらう。つまり部分は全體である。すなはち甘菜辛菜、朝御飯夕御飯といふ對概念を擧げるそのことにより、個の菜、個の御食を通してすべての菜をすべての御食を云ひつくすことになるといふ思考である。高山といひ短山といふ、或は朝の御霧夕の御霧といふそれぞれの個も、そしてまた特殊物な例示として擧げられたものを包括する全的な類概念をも、云ひつくして剩すなしといふ確信がこゝに見られるのである。かうした確信はこれをさらに展開し延伸せしめるそのときには、特定の神のまつりに奏する祝詞はさうした特定の個の神を通じて、やがてすべての神に融卽して通ずるものあるべしといふ意識なり思考なりが、意識の深層に、それこそ幽のまゝにすなはちそれと自覺されることなきまゝに、生きてはたらくものがあるといふことなのではなからうか。個はどこまでも個であるが、個の裏には個はそのまゝ全に通ずるものがあるといふことが、無意識の意識として、或は意識の無意識としてあるといふことなのである。たとへば、祈年祭の祝詞では、高天原に神留り坐す皇睦神漏伎命、神漏彌命もちて天社國社の皇神たち、御年神や神魂の神、高御魂などの八神、さらには座摩の神から水分の神たちに至るところの、特にこの祝詞で言別きて奏す神たちのほかに、この祝詞を奏すものの、或はこの祭りに侍するものの意識の底には、五大十界世の中すべての神たちを、廣く云ふならば、宇宙にあまねく坐す神を祈る祝詞そのものにほかならぬといふ意識が、顯の祝詞の裏に幽の意識としてあるのではあるまいか。こゝでこのやうに宇宙あまねく坐す神といふのは、意識の底に問はず語りに、無自覺の自覺として感得される神といふことなのである。

註

※ 太田晶二郎「上代に於ける日本書紀講究」、『本邦史學史論叢』所收、昭和一四年

二、而今の山水　古佛

夢窓國師の『夢中問答』は九十三の問答から成り、足利直義の眞摯な問に對し誠實謙虚に答へた國師の法話である。まづは攘災招福の俗信から說き起し、中巻以降は禪門の法義に轉じて次第を追ひ、學解よりは、實修を重んずべきを諭し、無用心の處これ諸佛用心の所以たるを說く。下巻に至り禪門の「本分の田地」が一切を生ずるを教へて、かういふ。

若し人此の本分の田地に相應せば、教門に談ずる處の佛性、心地、如來藏、眞如、法性等、乃至凡夫所見の山河大地草木瓦石にいたるまで、皆ことごとく本分の田地なるべし。

斯うした本分の田地は對象的客體的に在るものではなくして、草木瓦石がそのまゝに本分の田地であ

り、眞如の妙理及び一切の佛菩薩の所依、されば、これを身心の中に求めて不可得、また身心これ本分の所なりといふもあたらず、有情非情の品類にもあらず、諸佛賢聖の知慧にもあらず、總じて世界國土も衆生の身心も悉く本分の田地以外の何ものでもないといふのである。拔隊得勝その人の名と共に名高い『假名法語』にも、「溪の聲も風の音も主人公の聲なり、松の靑きも雲の白きも主人公の色なり」（『高僧名著全集』一七、昭和五）とある。蘇東坡のいふ谿聲山色便是長廣舌なのである。かうした想念を一途に集中せしめ、これを眼前に具象化させ、本分の田地としての天地の勝景を狭小の空間の裡にとり收め、一本一石に自然のいのちを體認しようとする想念の藝術がこゝに生まれ、昂揚し展開されてくるといふのもまたおのづからのことでなければならぬ。京は嵯峨、天龍寺の庭園は同寺開山の夢窓國師の作、大堰川の左岸嵐山に對する龜山を背に、その山脚より山腹にかけての地域を占めた池水本位の泉水であり、西岸の瀧口や石組、石橋や池中の組み石等なほ舊態を存するものがある、といふ。

この時代の作庭を論じた述作に九條良經撰と傳へる『作庭記』がある。かういふ、およそ作庭の生命は石と泉池とにこそあれと。そこでまづは「石をたてむ事」の要諦から筆を起すのである。

地形により池のすがたにしたがひて、よりくる所々に風情をめぐらして、生得の山水をおもはへて、その所々はさこそありしかと、おもひよせよせしてたつべき也。

すなはち作庭にはその石のたて方、その組みやうにすべては懸かる。石は勿論自然石でなければならぬ。人工を施した石は恰も作爲の加へられた樹枝や花卉と同樣、たゞいやしげなるもの、排すべきものなのであるといふ。ついではその記述は「枯山水」に言及する。

池もなくやり水もなき所に石をたつること、これを枯山水となづく、その枯山水の様は片山のきし、或は野筋などを造りいでて、それに取付けて石をたつる也。

つまり寝殿造の庭園では築山と泉水とをよろこばんがために、室内はすべて板敷とし、障子や遣戸はいつさい用ひるといふことがない。戸外と屋内とで同一の情に於てこれを享受しようとするのである。そのためには泉殿は納涼または宴の場であり、釣殿では釣りをたのしむといふこともあつたといふ。庭はまた蹴鞠の場でもあつた。中島には樂屋があり、管絃を奏する用意もあつたのである。このやうに、寝殿造は人が娯しむことを意圖する造園※なのであるが、これに對する枯山水は立てたる自然石のさま、或は互に組み合はされたる石組の上に、自然の氣息を感得しようとするのである。換言すれば寝殿造の造園は平面的なるところに美を感じとり、これが美を享受しようとするに對し、枯山水はそこから超越的なる、それこそ幽の意味あひを受取らうとするのである。手にとつて見ることのできぬ幽からの聲に耳を澄まし、その聲の指示するところに從ひ石を組むのである。しからば斯うした超越的なるものとはいかなるものであるか。こゝにカントを擧げるのはいさゝか唐突に似たりの批判は免れないであらうが、カントは知識とは經驗を以て始まるが、經驗からは知識は生まれないとした、そのことを想起する。經驗の根底には却てこれを成立せしめるところの先驗的なる何かがなければならぬとして、この先驗的なるものを見出すところから經驗は始まるとこのやうに云つた。このカントを承けたリッケルトに至つては、存在とは對象から區別さるべきものであり、認識の對象となるべきものは存在でなくして價値である。而してこの價値とは存在から峻別せらるべきもの、價値があるといふのは單に妥當するといふにとゞまるのであつて、實在するといふことではない。意識により意識せられることを以て實在の本質とする、とこのやうに云ふのであつた。こゝでドイツ哲學でいふかうした認識論をむし返すといふのは、もとより本意とするところではない。實在の本質、それは云はゞ顯の事實、顯の存在、顯の表象であるものに對しては、これを對象的客體的にとり出して提示することのできぬところの、いはゞ隱れたる幽なる事實があり、幽なる存在があるのである。これは吾人にあつては感得するよりほかはないものであり、感得することができるといふそのかぎりに於て、それは嚴たる意味あひをもつ存在なのである。これリッケルトのいふ價値である。

このやうに云はゞ視覺や聽覺からは隱れた內在的に、——自己に內在する幽的なもの、これを假りに內的に超越するものといふならば、枯山水の本義とするところの、水濕性のいつさいはこれを遮斷し、專らに乾性をその在り方とするさうした作庭からよび起されてくるもの。それは、人の主觀のうちに在るといふのではなくして、却つて客體的對象のうちにいはば超越的に在るとするのでなければならぬ。かうした對象的客體的なるものの裡にひそむ何かを體認しようとするのが、枯山水のもつ意義にほかならない。わが古典はいふところの磐根木立青水沫もよくこと問ひ、よくものいふ、さうした幽なる聲を顯にあつて聽きとらうとするのが、枯山水の作庭なのである。逆にいふならばもの云ふなき石組によくものを云はしめんとするのである。石組はよくものを云ふのである。彼の武滿徹氏が作曲の仕事とは、世に遍在するつぶやき（嘯）を聽き出す行爲であると申されてゐたことが、こゝに思ひあはせられてくるものがある。

斯うした枯山水としての想念性を極度にまでつきつめ發揮せしめたのが、京都衣笠山南西の麓に位置する龍安寺である。この龍安寺は南面する建造物の前に敷地のおよそ半分を占める鏡容池をもち、寢殿造の様式を踏襲するのであるが、その西の對にあたる建てものに想念性ゆたかな石庭をもつ。東西およそ十七間、南北は約八間といふさして廣からぬ長方形の平坦地に白砂を敷きつめ、塵ひとつとゞめるなき清冽な場所に、大小十五箇の石が七五三組に點置され、外界とは油土塀といふ不思議な色あひの土塀で障へぎられてゐる。白砂はゆたかな水をたゝへた水盤を思はせ、こゝに蒼然たる苔をあしらつた配石の妙は、いづれの方よりするも一石は隱れて見えない。一見不自然に見えるその内容にもかゝはらず、これに靜かに相對するそのときは、天地萬象のあらゆる心といのちの極致に觸れるの思ひを深からしめられる。俗《よ》にいふ「虎の兒渡し」そのまゝの配石は、母虎が仔虎をひきつれて河を渉るそのさまに似てゐる。親虎が三仔を渉すそのうちの一は豹であるところから、ために親虎が二仔の害せられんことを懼れて、庇ひながらこれを渉すといふ緊迫したさまを遺憾なく表出してゐる。想念性はどこまでも深い。默々とこゝに點置されたまゝの石組は、たゞの一石とて多少なりともその點置されてゐる場所から、横にづらすことを許さぬ嚴肅性と緊張性とをもつ。顯の論理外の論理をやどしてゐるのである。この石庭では顯に幽は出入し、互に相卽し圓通しあひ一體となつてゐると云つてよい。一般に草木は、枝を伸ばし葉を茂らせるといふ時間のもつ內なる力に、侵されるを免れないのであるが、この石庭の石組は時の經過につれて苔を身にまとひ、蒼古性を帶して肅々嚴然たるものとなつてゐる。「而今の山水は古佛の道現成なり、ともに法位に住して究盡の功德を成せり、空却已前の消息なるがゆゑに而今の活計なり、朕兆未萠の自己なるがゆゑに現成の透脫なり」（『正法眼藏』「山水經」）。およそ生滅とか常無常、識不識といふ相對的な現實世界に對し、顯と幽といふ二邊對待を絕して山水は無碍に圓通しあひ、本末互に交映して本來の面目そのまゝなのである。これ龍安寺石庭の表象するところであるやうに思はれる。一切法はすなはち眼前虎の仔をひきつれて河を涉る白砂なのである。白砂にはいさゝかも水濕性はこれをとゞめてゐない。枯山水の枯山水たる所以である。道元の言を借りるなれば、

世界に水ありといふのみにあらず。水界に世界あり、水中かくのごとくあるのみ、雲中にも有情世界あり、風中にも有情世界あり、地中にも有情世界あり。（同上）

されば斯うも云ひかへることができるとする。

水はこれ眞龍の宮なり、流落にもあらず、流のみなりと認ずるは、流のことは水を謗するなり、たとへば非流と强爲するがゆゑに、水は、水の如實相のみなり、水是水功德なり、流にあらず、一水の流を參究し、不流を參究するに、萬法の究盡たちまちに現成するなり。（同上）

或はかうもいつてゐる。

古佛いはく、山是山水是水、この道取は山是山といふにあらず、山是山といふなり、しかあれば山を參究すべし、山を參究すれば山に功夫なり、かくのごとく山水、おのづから賢をなし聖をなすなり。（同上）

いはゞこれ、枯山水の享受を通して、身につけることのできた哲學的省察の言である。

京都紫野大徳寺眞珠庵の方丈東庭は、珠光作といふ。狹長の苔地に七五三組の置石を散點するのみ。その上に展せられる紫野より叡山にかけての遠景すべては、領せられて借景をなす。顯の言葉を以てこれを云ひ表はすことのできぬ、それこそ言詮を超えた幽なる趣致を含蓄してゐる。また同じ大徳寺の方丈及びその塔頭大仙院の庭園は相阿彌作と傳へるが、水墨の山水そのまゝに見るが如き構造をなし、岩石を主として花木の多彩なるはことさらに避けしめられてゐる。この小庭園は小庭園ながら天地間の大景をおさめきつてゐるの觀がある。想念それ自體生動し、枯淡のうちに人はロゴスを超えた幽としてあるシンパチアを、顯なるものとして、胸奥ひしひしと感得せしめられるのである。

また一般的にいつて廻遊をその目的とするなきにかゝはらず、平庭には飛石が用意される。飛石は實用的な意味だけをもたしめられてゐるのではない。顯から幽へと云はゞ想念の深化と沈潛の手引きする意味をもつ。座敷から庭を觀賞し享受する人の視線は平面的に飛石をつたひながら、その心の奥の奥にまで參究する道しるべとなるのである。茶庭は斯うした心意の造型乃至は制作として、最もよく成功を見せてゐる。茶庭の露地は距離は短い通路でありながら、その限界にまで極度に切り詰められた素材を以て營まれ、そこに足を踏み入れたものは、俗を離れた山間の侘住居におとなふの感を起さしめられるを常とする。露地の蹲踞《つくばひ》は茶事のもつところの美的宗教的かつ倫理的なる感性や感覺のすべてが、この一點に集注され、その結實を見せるところのひとつの施設である。露地にはこの蹲踞はこれを缺くことはできない。露地に立ち入つた客はこゝで主伴は無盡かつ具足し、與奪相資、腹の底から己心の體認と己證とを覺えしめられるのである。すなはち幽がこゝでは顯にまで媒介せしめられる、さうした接點なのである。露地とは顯と幽とが互に無礙に參入し、映發しあひ、圓通相即するさうした場なのである。

※ 註

鼓常良『日本藝術様式の研究』、昭和一一

三、想念の藝術

想念の藝術として室町期に最もよく發達し展開を見せたものとして、水墨畫がある。暗幽なる色調を以て自然人事の萬般を表現しつくさうとするそれは、華美なる色あひは意圖的にこれを避け、破墨一抹の山水がよく天地森羅の心を表現しつくさうとする。顯界萬般の差別に迷はされることなく、眩耀の色相を超えて事象に內在する深幽にして、且つ根源的超越的なるものの本質にまで迫らうとするのである。(1)それは理知の冷徹さを意味するシンロギアを期待するものではない。期待されるのは主と客との、己心と對象的客體的なるものとのシンパチアである。物象と情念との觸れあひである。招かんとする物象に出會つたそのときその場での感興から出立して、自己のすべてを對象に投げ込むのである。對象に內在する精神的なものから行はれてくるものを、感じとるのである。對象から自己に語りかけてくる聲を、細大漏らすなく聽きとり、對話のうちに筆をはしらすところに、水墨畫の意義ありとするのである。對象から語りかけてくるもの、それは顯に對するの幽であり、ときあつてはそれは聲高であり、ときあつてはかそけき嘯《つぶやき》でもある。雪舟の「破墨山水」に見るやうに、水墨畫の單純さは無量の複雜さを藏し、一抹の破墨は一多の境を越えたものを直視し、深幽にして且つその內在するものに對面し、これと正面から向きあはうとするのである。

ついては顯と幽との二極性は日本美術史のもつ大きな流れではあるが、大和繪のそれに見るやうに顯は顯のまゝに、そして幽は幽のまゝに自己を主張しつゞけ、兩者の間に何らかの掛け橋も見ることができなかつたであらうか。斯うした問題については夙に矢代幸雄氏の『北野天神緣起』に關する評論がある。天拜山巓に祈念をこらす菅公、この段、秋の情景を美しく描き出し、霧は淡く立ちこめ天際に連亙する山竝みは橫雲の漸層を透し、微茫なる灰色の影繪となつて幾重にもかさなる。つまり水墨畫的畫境に、大和繪を思はしめる效果は、到達してゐるものをもつといふのである。そこで矢代氏は次のやうに申される。

大和繪すら自ら斯くの如き描寫に歸着せざるを得ない自然相が日本に存在した以上、一度水墨畫が支那より輸入さるれば、それは日本の環境に適合し、民族感覺に共鳴して、大なる流行を來たすは當然であつた。丁度日本の自然が日に當れば目が醒むるやうに、嬉々として輝くかと思へばまた倏ちに曇つて愁然として憂へ沈むと同じく、日本人の感覺、それの最も直接に現はれたる日本美術の裝飾性には、恰かも楯の兩面あるが如く、華やかなる多彩愛好の半面に、水墨の單調と寂寞とを慕ふ性格があり[2]、

云々といふ氏の日本美術についての批評はすなはち、吾人が感覺乃至はその思考にあつては、顯は顯であるといふことの深層にあつては幽を映發し、幽を志向するものがあるといふことなのである。同じこの緣起繪卷、菅公流謫の船出の場面、巉巖の上に群れて公を見送る心なき海鵜が配されてゐて、公その人の言葉にならぬ胸の痛み哀しみ、無念さ、彩管を以てこれに迫らうとしてゐるのである。畫面では物言ふなき公ではあるが、その心事は、どこまでも表現をかたくなに拒否するかの如き浸々たる碧海、この碧海をいたづらに騷ぎたてしめる白き浪がしら、公を見送る無心の海鵜、受難受苦の菅公その人の言葉にならぬ哀しみは、この緣起繪卷を享受し觀賞する者の上に惻々として迫り來たり、語りかけてやまぬものがある。公の愁然たる幽の歎息はこゝでは顯なるものとして、人々の肺腑を抉ぐつてやまないのである。

註

（1）矢代幸雄著『水墨畫』所收「水墨畫の心理」、昭和四四

（2）同氏著『日本美術の特質』第三章第二節「深味」、昭和一八

四、芭蕉

芭蕉の『奥の細道』に千古の名句「荒海や佐渡に横たふ天の河」がある。七夕の句といはれてゐるが涯無きに似たる雲漢を挾みての、牽牛と織女との愛を主題としたものではない。『風俗文選』は芭蕉の筆になるといふ「銀河序」にかうある。

むべ此島はこがね多く出て、あまねく世の寶となれば、限りなき目出度島にて侍るを、大罪朝敵のたぐひ、遠流せらるるによりて、たゞおそろしき名の聞えあるも、本意なき事におもひて、窓押開きて暫時の旅愁をいたはらむとするほど、日既に海に沈で月ほのくらく、銀河半天にかゝりて、星きらきらと冴たるに、沖のかたより波の音しばしばはこびて、たましゐけづるがごとく、腸ちぎれて、そゞろにかなしびきたれば、草の枕も定まらす、墨の袂なにゆへとはなくて、しぼるるばかりになむ侍る。

とあり、その結尾に「あら海や」の句を置いてゐる。こゝで蕉翁が心を捉へて離れることのなかった

のは、荒涼たる日本海の漆黒の夜である。磯に打ち寄する波の音、宙天高くほの白きは乳を刷毛もて刷いたとも見まがふばかりの天の河、この永遠の靜寂は歴史のもたらす悲運を語りかけてやまぬ。それはどこまでも幽なる氣のもたらす悽愴と哀愁とが綯ひまぜになつた詠嘆であり慟哭である。もとより此の島、隱岐や土佐とならぶ僻遠流放の地、さらに還國の理なしとされてゐた地である。順德上皇もこの地で痛恨の涙を呑み、この地で崩ぜられたのである。望鄕の熱き思ひも祈りもむなしく、玉の緒のいのちをたち截らねばならなかつた上皇をはじめとして、※あまた無念長恨の魂が語りかけてくるのである。それこそかうした言葉にならぬ言葉を蕉翁は聽きとつたがために、萬感いちどにこみあげくるものがあり、爲に眠りは奪はれ魂は割け、腸はちぎれるのである。蕉翁は顯に在りながら幽に通ふところがあつたのである。むしろ幽に包みこまれてゐたといふのが、この場、このときの最も適切且つ至當な言辭であるであらう。

『奥の細道』はまた松柏年ふり土石また老いて、苔滑らかな岩下を這ふ淸閑の立石寺を拜して、寂寞の心澄みゆくところ、

閑かさや岩にしみ入る蟬の聲

を得たといふ。ついては、この句、『泊船集』には「さびしさや岩にしみ込む蟬の聲」とあり、また初案では「山寺や石にしみつく蟬の聲」、『木がらし集』には「淋しさや岩にしみ込む蟬の聲」、また「涼しさや」とある眞蹟もあるといふ。蕉翁こゝに魂を削り骨を鏤れるは、ひとへに幽の聲を斯く斯

くの如く聽きとつた、といふことでなければならぬ。聽き直し聽き直しするたびに、筆硯はこれを新たにしたといふことなのである。またあまたの人に親しまれてゐる句に、

枯枝に烏のとまりたるや秋の暮

がある。元祿二年の『曠野』には「烏のとまりけり」と再錄してゐる。風雅の心は寒鴉枯木、閑寂古淡の一瞬の時間を描いてゐる。木曾路は山の中を辿つた『更科紀行』に、

棧《かけはし》や命をからむ蔦かづら

嶮しい棧道にその命をかけてからみつく蔦かづらに、蕉翁はその幽ひとすぢの心を顯界に投映せしめてゐるのである。『猿蓑』に、

むざんやな甲《かぶと》の下のきりぎりす

がある。實際に甲の下に、たまたまきりぎりすがゐたといふのではない。壽永のむかし齋藤實盛が深くもみづから期する、その老いの心ねのあはれさが、眼前加賀小松の多田なる社の寶物を目にして、蕉翁が胸の深みに溢れるものあるをとどめ得なかつたのである。流れる時のある一瞬に、雷光の閃きにも似たる不易なるものを感得し、體認したのである。『花屋日記』の、

われ生涯言ひ捨てし句々、一句として辭世ならざるはなし。

諸法從來常示寂滅相　これ釋尊の辭世にして、一代の佛教此の二句より外なし。

蕉翁は時間を、絶えず流動してやむを知るなき一瞬を把握したのである。時のうちに埋もれ流れ去る

超越的なものにぢかに觸れた句であるが故に、萬代にわたり人の心をうつのである。顯に對しつゝこゝに幽を感得してゐる句であるからである。幽と顯とが相通ひあふさうした瞬間を把握し體驗するといふのは、體驗の日常性を超越する美的自我ともいふべきもので、この場合では、一般的にいふならば幽といふよりほかに適切な言葉がないやうな、さうしたもののはたらきかけがあり、かうした語りかけを聽きとるそのところに、芭蕉の句のいのちがあると、このやうに云へるのではあるまいか。

認識は對象に從ふのではなく、對象が逆に自己の認識に從ふのである。眞理とは對象に合致するといふことではなく、對象を直視し對象から行はれてくるところのものにつき、道元禪師の言葉にいふ「渾身の照見五蘊皆空」のそのとき、「一枚の般若波羅蜜、而今現成せり」なのである。フッセルの現象學でいふところの本質直觀 Ideation である。對象とする事物が對象として在るといふことは、事物はそれ自身は固有的なる何かによつて存在せしめられてある、といふことなのである。かゝる意味に於てそこに現在する對象なり事物は、一個のイデー的なる意味あひをもつといふことになるのであり、吾人にあつては對象や事物を見、さうしたイデー的なるものを感じとるといふことを通して、對象なり事物の本質を認得し認取するのである。されば現象や事物なくして本質はなく、本質は事物や現象なしにはあり得ない。顯は幽を疎外するところにはあり得ず、幽は顯を措いて別の場所にこれを求めてもこれを見出し、これを體認するといふことはできないのみならず、幽は幽として自己の存在を主張することもできない。幽と顯とは相卽し相關し、重々無盡相互に映發しあふといふ關係にあるのである。

※ 註

時野谷滋氏「佐渡の荒海」『藝林』四一―三・四　平成四・一〇

五、現實世界の論理學　花祭り

知覺內容は單にそのものとしては意味をもたぬ。それが意味をもつのは、それが眼にも見えず手にとりあげることもできぬ何ものかを指示し、何ものかに關係をもつからでなければならぬ。「古池や蛙飛びこむ水の音」をいかに外國語で名譯を施しても、そのロゴス的契機の把握は可能なりとしても、蕉翁が云はば幽なるものそのものの釀し出す情景なり、そのうちの人となりきつてゐる蕉翁の境の深みの理解にまでは、迫り得ないのである。古池にも蛙にもそして水の音にも、總じて對象的世界は、フッセルのいふ意味附與乃至は意味充實の作用 Bedeutungserfüllende Akt をもつ。事物はすべて意識の主體となるのである。甲は乙であるといふときでも、その乙は甲のすべてを說き明かしつくすといふことはできない。といふのは、甲は超越的なる何かをそのうちに有つてゐるからである。これがすなはち幽にほかならない。甲は乙であるといふことだけでは、甲のすべてを說きつくすことにはならないので、丙、さらには丁・戊と說きかさねてみても、甲の本質や本義そのものは說ききれぬものを有つ。甲それ自體に超越的なる、言詮を超えた何かがあるからである。されば以上こゝに幽といふ概念をとりきたり、これを考へてきたのである。

形式論理の世界では、現實の事物や事象は常に甲は甲でありながら、同時に非甲であるといふことはあり得ない。矛盾律により排斥せられるからである。しかるに現實の事物や事象にあつては、甲は甲であると同時に非甲でもあり得るのである。甲は甲であると同時に非甲でもあり得るが故に、現實世界の事物であり事象なのである。現實世界は論理の原則を超越するものを有つ、といふところにその特殊性なりその特色があるといつてよい。こゝに前日本福祉大學教授小川政亮《あき》氏の悲痛深刻なる體驗の記述がある。かういふのである。

結婚が一たす一は二ではなく、二人の協力で創造されきづき上げられゆく生活は二以上にはるかに限りなく、無限大に近づく可能性をもつた豐かなるものとなることができるに對して、妻との死別はまさにその逆で、二人のうち一人が缺けることは、二ひく一イコール一ではなく、限りなくゼロに近づくものだということです。（平成八・一二・七「毎日新聞」）

一プラス一は無限大にかぎりなく近づくものであり、二マイナス一は無限にゼロに近づくといふ、形式論理を超えた論理が不斷にしかも同時に行はれてゐるのが、吾人が現實世界なのである。形式論理を超えた論理が形式論理と同時に行はれ、しかも斯うした二つの論理は現實吾人が世界を說明し、吾人には納得できる論理であるといふことを思ふならば、幽と顯との關係は、また斯うしたものであると云つてよいのではあるまいか。右に考へた二つの論理は決して一致するといふことはない。同様に幽は幽であるがまゝに、そして顯は顯であるがまゝに一致することなく、しかも兩者はつねに相卽しあひ相關しあつて密爾に綯ひまぜあつて在るといふのが、人の世の嚴肅なる現實なのであり實相なのである。

七百年の遠いむかしから天龍川を溯上つた奥三河、大波のやうにのびる山竝みの間の山里に花祭りが執り行はれてきてゐる。霜月まつりであり霜月神樂である。年に一度村びとが集まり二十八時間もの長い間、夜を徹して舞戸で舞ひつゞける。舞ひの輪の中は「かまど」があり、鬼面をつけた男たちがゐる。村びとは嚴重なる潔齋精進を積み、鬼面の神人たちとこの輪をとり圍み、酒を酌みかはしつゝ、舞ひつゞけ、神おろしをする。さうした陶醉の中で、それぞれの者がひとつの思ひにひたりきり、滿ちたりたよろこびを共に頒ちあふのである。さうした思ひ、さうしたよろこびは生きてゐる者同士の間でのことであるのみならず、さらにはその土地で生を享けながらも先立てる死者たちとの、結びつきをあらためて確認するさうした祭りの夜でもあり、場でもあるのである。靜寂そのものの山里に繰り返しひき返して吹かれる笛の旋律は、幽なる神祕さを顯の世界にまでもたらし、幽なるものと人との仲立ちをする、さうした印象的なる演出であり、實修なのである。

幽顯の相卽相關の哲學　（承前）

一、序說

本篇が以下求めるものは幽についての知識ではない、意識である、感覺である。

室町期から目立つ書院造の床莊嚴《かざり》に三幅一對の形式がある。中軸の如來は釋尊であり、彌陀藥師の軸を以てするが、脇繪には花鳥風月をこれに配する。この形式がやがて三社託宣の床かざりとなり、降つては造化三神の三軸となるのであるが、このやうに花鳥風月となり山水畫だけの床飾りとなることは、一見鑑賞者の恣意に出づるかに思はれるけれども、磐根木立草葉もよく言語ふといふ遠い神代からの、わが國びとの意識がその深層にあるものが、無意識のうちに意識の無自覺として表出されたものにほかならぬと、このやうに思ふのである。蘇東坡居士の谿聲便是長廣舌の偈が、別して國びとの間に愛誦されてきた所以のものも、ここに求められねばならぬ。『紫式部日記』の巻頭には泉水の潺湲たる音なひを、これ不斷の讀經の聲と聞きなされるとある。和洋の音樂を融合させた最高の作曲家といはれた武滿徹氏は、作曲とは世界に遍存する歌や、聲にはならぬつぶやきを聽き出す行爲ではないか、私は音を使つて作曲するのではない、音とコラボレートするのである、とこのやうに云つてゐる。かうした幽と顯との相關相卽の事實が、わが日本思想の基底に密爾にあるを思ふのである。

本篇で筆者が問はうとするのは、幽についての知識ではない、幽それ自體の顯との關連に於ける現象に關して問はうとするのであるとこのやうにいふならば、カント以下の認識論の手法により、幽といふことの認識を問題にするといふことになるのであらうが、本攷で問はうとするのは總じて幽についての意識であり感覺なのである。認識ではない。そこで意識とは、つねにあるものについての意識であるとするならば、幽についての意識といふものは、體驗の內に在つて幽が內在的に經驗されてゐる事實といふものが、豫めあるのでなければならぬ。ところが吾人の經驗する事實といふものは、一般的にいつてその存在を疑へば疑ひ得るもの、その意味でそれはいはば時間を超えた確定的なものではなく、二次的相關的な存在にとどまるものであると、このやうに云ふことができるであらう。ではあるが、意識とは人にとりてはどこまでも直截的であり、疑ひ得ない內在的にして且つ絕對的な存在なのである。たとへば「赤」は人によつてはバラの花を、また人によつて落日夕映えを表象する、といふかもしれない。しかしながら赤きものの意味は、これらのさまざまの表象を超えて常に同一なのである。ここでいふ赤とはこれを空間的客體的に捉むことはできない。必ず事物なり事象なりに卽して具現するあつてはじめて、それと一體透徹の關係に於て、吾人これを赤きものと知るのである。

また別の例を擧げれば、幽はその意味するところは、後段古典に卽して言及するところあるやうに、頗る多義なのである。隱れたるものといふ意味、眼を以てしては見ることのできぬものといふ意味、さらには死後のたましひの世界などを人はすぐさま連想することであらう。意味するところこのやうに多義であるといふことはすなはち、その曖昧性にまで人を導かずにはおかない。しかしながらかうした意味の動搖はその意味するものが、またその理解のしかたが、多様性を有つといふことなのであるが、さきに赤きものの意味は、さまざまな表象を超えて常に同一であらねばならなかつたと同じやうに、幽の意味もまたその種々なる表象しかたを超えて、常に同一でなければならぬ。

およそ知識とは經驗を以て始まるのであるが、經驗から生ずるものではない。經驗の根底にはこれを成立せしめるところの先驗的なる或るものがなければならぬ。かうした先驗的なる或るものを見出さんとするところに、カントの批判哲學が出立する、とこのやうにいはれてきてゐる。とするならば、それは一種の直觀を語るといふことになるであらう。或るものを見る乃至は直觀するといふことはとりもなほさず、或るもの、ここでは幽を幽としてみるといふことでなくして、幽といふ觀念のうちにその本質を心の眼をもて見出す、といふことがまづなければならぬであらう。ここで見出すといつてもそれは造形的 bildhaftig にではなくて、本質をば直觀するといふことである。フッセル Husserl, Ed. のいふ Ideation といふ思考がここに思ひあはされてくる。

かういふ次第であるから、幽を思考の對象としてとりあげるといふことは、その對象としての幽が超意識的に、はたまた空間的に存在するといふ前提に立つものではない。一般に吾人が感覺的內容、幽ならば幽として感じとるさうした內容が意味をもつといふのは、他の何ものかにつねに關係することあるによつてのことなのである。單獨に幽が幽として自己主張するといふことは、あり得ぬといふことを思はねばならぬ。たとへば美、吾人がいふ美とは、姸をきそひあつて咲く花に卽して美といふものを體驗するのである。刀劍の鋭さをば感じとるといふのは、現實に刀劍に觸れることを通じてのことなのであつて、鋭さそのものといふものは、單獨には存在するといふことはない。一般に感覺や知覺の內容は、單にそのものとしては意味をなさぬ。それが一定の意味をもつのは、それが何かに關係し何かを指示し志向することあるによつてのことなのである。幽は幽それ自體としては意味をなさぬ。このやうに考へてくると、幽は顯に對應し顯と關連することあるによつてはじめて、自己の存在を人にむかひ表はすことができるのであり、また人は顯に卽して幽を見、幽の存在を感得し體認することができる、とこのやうにいふのが、實態に卽した考へ方であり、云ひ方であるといはねばならぬ。谷崎潤一郎の『陰翳禮讃』は斯うした表象感覺の美的追求である。すなはち幽といふ一般的なる概念は個を超越することによつてではなく、個が個との互ひの關連に卽して今此處に（hic et nunc）現實化されるのである。それは、調和とか一致といふことではない。顯は顯であるがままに幽に相卽し、幽は幽であるがままに顯に相入してゐる、といふ關係に於てあるといふことなのである。

二、モナ・リザ　ラオコーン　E・ヘリゲル『日本の弓術』

ダヴィンチの描いたモナ・リザの微笑みは、いつたい何を意味してゐるのであるかが、長い間問題となり、ラオコーン Laokoon は造形による表現、蛇に巻きつかれながら力をこめて耐えてゐる顏だちの深刻なる表情は、そのかすかに開いてゐる口もとのうめき聲とともに、何を訴へようとしてゐるのであるかが、千古の課題として吾人の前に在る。もしこれが言語を以てする表現であれば、その言語表現を通してモナ・リザの微笑も、はたまたレッシングとウィンケルマンとの論爭以來表現藝術界を惹いてやまぬこのラオコーンの、深刻かぎりなき苦悶の表情の意味するところのものも、謎が謎を祕めたるがままに、今日もなほ未解決のままにとどまるといふことには、なり得なかつたであらう。釋尊の靈山會上での拈華示衆も、それが動作のみによる表現であるが故に、これを微笑のうちに理解し得たのは迦葉尊者ただひとりにとどまるのであつたといふのである。人はロゴスを有する動物であるといはれ、言語を語るといふことを通して、人は相互の間にそれぞれの心意の理解を共有することを可能ならしめられるのである。かうしてはじめて人の心意を内から促してこれを外にむかはしめ、これを表現にまでもたらしめるところの、さうしたロゴスを裏づけるパトスをば、人は共有するといふことができるのである。表現を理解するとはロゴスを共有するといふことであり、さうしたロゴスを外にまで媒介し、これを表現にまでもたらしめるところのさうしたパトスを、いはば共有するといふことにまで至らなければ、眞の理解といふことにはならない。かうした表現されたもののいのちの深みにひそむパトス的なるものの把握に至ることができてはじめて、眞の理解といふことができるのである。これを別の言ひ方でいふなら、表現をして表現として成り立たしめるところの體驗の理解といふことなのである。表現とは假りにこれを顯といふならば、體驗は、どこまでも幽のうちにとどまつて在るものなのである。古人のいふ讀書百遍、意おのづからにしてあらはるとか、韋篇三絶とかいふことがこれであらう。人は反覆讀誦これかさねることにより、對象の幽なる深みにまで徹することができるのである。對象の深みにまで徹するといふことはつまり、自己の心の深みに立ち至り、これにぢかに觸れるといふことこれであり、それまでは確然とは明晣判明に自覺するといふことがなかつた幽なるものが、ひとり知的認識の域にとどまらず、意志も風情も感覺をも含めて、顯の世界にまでもたらしめられてくる、といふことでなければならぬ。ひとは客觀的な表現に透徹することにより、はじめて表現する主體の心の襞にかくれてゐる幽なるものを、味得することとなるのである。

弓道に「離れ」といふ術語がある。矢がひとりでに射手の指から離れるのを待つといふことである。射手が的を射あてんものとするさうした心を放却して、無心になるといふそのことであり、無意識の意識乃至は意識の無意識になりきるといふことこれであり、この「離れ」の自證と自認とを以て弓道の要諦とするのである（オイゲン・ヘリゲル『日本の弓術』）。これすなはち心の深みに於ける集中であり沈潛である。外のあらゆる影響から次第に心身を脱落放却して冷靜に弓をひきしぼり、その他はすべてこれ在るがままに、また成るがままにまかせきるといふことである。ここでいふ「離れ」といふ言葉を通しての知解の究盡により、一應の知解はこれを得られたりとするも、無限の修道を通して體認されるところの、弓道の核心ともいふべき「離れ」そのもののもつ深き精神的なるものについては、これを味得し體得するといふことはできない。「離れ」は弓術の修道にとつてはどこまでも幽の世界のものでありながら、しかも篤き求道者にとつてはそのロゴス化は一般的にはこれを困難とするところの、具體的にしてしかも嚴然たる顯なる事實の表出なのである。また禪堂では朝食を粥座、晝食を齋座、夕食を藥石といふ。假に、對譯辭書を通してその言葉の意味を理解し得たにしても、斯うした言葉の裏にかくれひそむ僧堂での求道一徹の精神生活の體認には、なほも逕庭百里なるものがある。顯なるもののシンロギアは、その言葉の上下表裏に浸透して一つになつてゐるシンパチアを、必ずしも意味するものではないからである。

禪堂の玄關には照顧脚下と黑々と墨書がある。ここで照顧さるべき脚下とは、顯として吾人が眼前にするところの脚下ではない。その意味するところはどこまでも幽遠にして且つ深遠なるものを意味してゐる。言葉の表面的なるシンロギアを以てしては、その幽意はこれを把捉することはできない。

三、古風土記

和銅六年五月の官命により畿內七道諸國の國廳では風土記の撰述が始まつた。郡鄉名にはそれぞれ好字を宛て、その所產や土地の沃瘠、山川原野名號の所由、古老の相傳する舊聞異事等を史籍に記載して言上せよと求められた。こゝで好字を配されたそれぞれの地名、さらにはその地名に結びつけて語りつぎ、言ひつがれてきた古老の相傳する舊聞異事とはすなはち、それぞれの地域の人々がそれぞれにもち傳へ、それぞれの人々がそれぞれの心に納得し、確信するところのロゴスであると同時に、パトスそのものにほかならぬといふことを思ふのである。傳承とはいつにあつても人々のシンパチアが、いついかなるときにといふことではなしに、おのづとロゴス化されてくるところのものなのである。白川靜博士の『字訓』では、「古」の會意をば十口に從ふ、十とは方形の干《たて》の形、口は祝禱の祭器でその中に祝禱の詞をば收める聖器の象形、祝禱を護りその效果をば一段とあらしめんがために、聖器としての干《たて》をこれに置いたそのかたちにほかならぬと、そのやうに申されてゐる。「古」とはすなはち歷史事實としての祝禱のロゴスであるとともに、またかうした祝禱にまで人の心意を內より促し、祝禱を通して人々のパトス的なるものを互に共有しあひ、相互に確認しあふことを可能ならしめるところのものの、シンパチアそのものの象形なのである。

たとへばここに常陸といふ地名がある。これすなはち大化改新の際、それまでの新治・筑波の國を併せて一國とするにあたり撰定された國の名で、「從來の道路、江海の津濟を隔てず、郡鄉の堺、山河の峰谷に相續けば、近く通ふ義を取りて名稱と爲せり」と理性的合理的な說明が施されてゐる。つまりこれ「ひたみち」の義であるといふのである。ではあるが世の人はそのむかし、倭武天皇が東夷の國を巡狩し新治の縣に來られたとき、國造比奈良珠命をして新に井を掘らしめたところ、清冽な泉の湧出を得たので、天皇は乘輿をこゝに停めしめ、これを手もてあそばれたところからはしなくも、御衣の袖が泉に垂れ濡れそぼちたので、衣を漬《ひた》すといふ義をとつて「ひたち」といふ名が生まれたといふ。もとよりその事の正實を今日定めることはできぬながら、かうした說話成立の裏には在地の人々の倭武天皇に寄せるところの、言葉にはならぬ親昵感をここに見るのである。またこの國號の由來については「風俗の諺に曰く」として「筑波の岳に黒雲掛り、衣袖漬の國」といふ歌謠の記載がある。筑波に黒雲がかかれば雨が降り、ために人々の着衣が濡れて難澁するといふ日常の經驗の、素朴な心意の表現なのであらうが、着衣が濡れて難儀する人物としてひたちの人々はまづ第一に倭武天皇のことを、ただちに想ひうかべることがあつたといふところから、比奈良珠命の泉の傳承がおそらくはここに、結びつけられるやうになつたのであらう。人々のシンパチアとして顯なる地名の裏には、幽にとどまつてゐる倭武天皇の俤が、顯なるものとして胸奥に深く息づき去來するものがあつたといふことなのである。

また信太の郡に普都の大神の傳承がある。天地の權輿《はじめ》、草木言語《ことと》ひし時、天より降り來し神の名を普都の大神といふ。この神、葦原中つ國を巡り行でまして山河の荒梗の類をことむけ畢へ、天に歸らんと思ひてその身に隨へし器仗や甲戈楯劒等の武器、また身に親しく執らしめられたる玉珪を悉く脫履いで、この地に留め置き、すなはち白雲に乘り蒼天に還り昇られたりと傳へる。そこで常陸路に入る傳驛使はこの國に入るに先立ち、口と手をそゝぎ、東に向き香島の大神をまづ拜したのちはじめて、この國に入るを得るといつて、普都の大神を香島の天の大神と申して竝々ならず崇び、その神威の高きを言葉をつくして云ひ傳へてゐたのである。

出雲國風土記では伯耆大山や石見の三瓶山から見おろす島根半島は、宍道湖と中海とを隔てて脚下に長々と展開し、八束水臣津野命の壯大雄渾な國引き傳承がいかにも實であり、且つ正なる事であるといふことを思はしめられるものがある。ここで國引きといふ大きな力仕事を成し了へた命は、意宇の社《もり》に御杖を衝き立て「おゑ」と申されたといふ。この意宇の社《もり》は郡家の東北、田の中にある小さな塾《こやま》がこれであり、その上には木ありて茂れりといふ分註が施されてゐる。この「塾」の所在についてはそれと確定することは今日では困難であるが、意宇の地六所神社東方の田の中に八幡の小祠がある。その小丘がおそらくはそれであらうかと、加藤義成氏は推測してをられた。ついてはこの「塾」といふ文字の構成をみるに、享は物を傳へて神を祀る意あり、丸は圓形、土は地塊であるところから、以て神を祀る祭場の意をもつといつてよいと、氏は申してをられた（『出雲國風土記參究』）。このことたる、總じて古代出雲びとが考へかつ信じたところの、眼のあたり具體に目睹してゐた事實なのであつて、島根半島を三つ搓りの綱をうちかけ、河船のもそろもそろと引き寄せるが如く引き寄せたといふのは、鐵道や道路の整備を見る先年迄は出雲大川で、川船を綱うちかけて上流へ引きあげてゐた、さうした日常のさまが下地となつてゐる表出なのである。意宇の塾や、もそろもろそと河船を引きあげる住民の日々のいとなみはそのまま、出雲びとの上にあつては八束水臣津野命の遠いむかしの國引きのありさまとして、今に生き返らしめられるものがあつたといふことなのである。顯としてのロゴスはいつもその裏にひそむ幽なるパトスを伴ひ、幽なるパトスはつねにまた顯にまで自己をもたらしめ、これを表出しようとしてゐるのである。人の前に表現され、提示されてゐるものはといへば、すべてこれ單に客體的對照的なるものとしてのみ把握すべきものではなく、超越的な意味あひをその裏地として帶び、またさうした裏地を含まないものはないといふことなのであり、それはいはば表現的なる顯としてつねに人に呼びかけ、語りかけることをやめないものなのである。物理學者といへども、あらゆる任意の對象を客觀的に研究してゐるのではなく、外にあつて物理的な意味をもつそのものが、研究者たる物理學者によびかけ語りかけてくるのがあり、さうしたよびかけに應答するところに物理學者の研究が進展し、深まりをもつに至るといふことになるのである。

このやうに人の行爲や思考はすべて自己から起るものでなく、他者から喚び起されてくるものなのである。自己自身に內在的なるものはすべて何ごとかの意味關連に於て、超越的なるものにより媒介されたものでないものはない。このやうに顯はすべて幽の表現なのであり、幽の自己現成がすなはち顯なのである。人の顯なる經驗とは幽なるものとの交關交涉の函數としてあるのであつて、幽なるものとの無礙なる相關と圓通のうちに現はれてくるものなのである。畫家はあらゆるものを描くのではなく、彼に外から超越的によびかけ語りかけてくるものを描くのである。そこに藝術的價値が生まれてくるのであり、この意味に於て理性とは主觀のうちにあるのではなく、却て對象的客體的な實存としての物のうちにある、とこのやうにいつてよいのである。『常陸國風土記』香島の郡の條にいふ香島の宮が、その絕對根據として、天上に神の宮をもつと人々が思つてゐたといふのも、かうした心意の致すところにほかならない。

天地草昧以前、諸祖天神俗にかみろみ、かむろぎといふ。八百萬の神を高天原に會集へ給ひし時に、諸祖神《かみろぎ》の神の告り給ひしく、今我が御孫の命の先宅《しら》さむ豐葦原の水穗の國と告り給ひしにより、高天の原より降り來し大神、名を香島の大神といふ。天にては號を香島の宮といひ、地にては、豐香島の宮と名づく。（分註略）

とあるこの記載を、このやうに讀みこむことによつてはじめて、上代の常陸びとの心意の奥にまで迫まり、これを今に體感することができるのである。これを深讀みとしていふのは、あたらないであらう。

『古事記』にいふ「國稚く浮脂の如くにして水母なす漂へる時は、葦牙の如く萠え騰る物」とあるのはつまり、上代びとが神祕なる創世のはじめを窺はんとするそのとき、水母とか葦牙とかの眼前具象の事實を媒介としてゐたといふことなのである。水母や葦牙はすなはち人の眼を以てすることのできぬ、それこそ幽なるべき神はたらきを表現し、創世の事實をば語りかけてくるものがあつた、といふことなのである。本來はどこまでも觀念的にとどまるべき高天原や黄泉の國、吾人が現實地上の世界、顯世との限界は必ずしも判然性明確性を缺き、しばしばその記述には曖昧性が纏綿するのであるが、しかもかうした曖昧性を超えて往々にして民間說話の上では、この高天原が地上にまでひきおろされ、或は海の彼方に想定されたりする。常陸の鹿島郡、太平洋に眞向ふ西の砂丘は赤褐色を帶びた砂山がつらなり、土地の人はこれを高天原とよぶ。この地を水源として末無川の湧出するあり、『和漢三才圖會』にはこの川を隔てた鬼域とある。『鹿島郡誌』には神と鬼とが時に神圃中に相鬪ふと見える。觀念の高天原は地上顯なる場所を得てゐるのである。同じやうに妣の國といふのも、地下から地上に引きあげられて、出雲の國とあたかも同一であるかの如き語りくちに、しばしば吾人は接したりすることがあるのである。

全佛教を念佛の一法に包括しきり、これが稱名に徹した一遍上人その人を捨聖《すてひじり》といふ。來迎も往生もはたまた厭欣も菩薩も、そのすべては胸中にさらさらとどめることなく南無阿彌陀佛あるのみであり、さらには南無阿彌陀佛を誦《とな》ふる一遍は彼自身をも捨てきり、念々の稱名は念佛が念佛を申すばかり、よそに念佛するを耳にすればわが心がそのまま南無阿彌陀佛であるといふのである。名號が名號を聞くといふことにほかならない。(1)その『語録』の巻下にいふ、「南無阿彌陀佛はもとより往生なり、往生といふは無生なり、此法に遇ふ所しばらく一念といふなり、三世截斷の名號に歸入しぬれば無始無終の往生なり」と。空也上人の一言「捨て丶こそ」をその心とした一遍であるから、一遍その人は時人からは捨て聖と呼ばれた。「名號は機法不二、能所一體の法、機法一體の南無阿彌陀佛に成ぬれば、至心四修五念は皆もて名號なり」。すべて捨てきるそのときには、その身心の上にあつて捨て去るべきものはひとつだにこれをとどめるものはない。捨てねばならぬといふその心すらをも捨てきるのである。風來といひ風去といつても、その風來風去をも捨てきるのである。念々の稱名は幽の念佛が顯としての念佛を申すことにはほかならぬからである。卽ち顯の念佛稱名はそのままに、幽の念佛稱名と密爾に相卽し相關し合つてゐる、といふことなのである。

かうした一遍終生の行實は繪師法眼圓伊の彩管をもて、今日に傳へられてゐる。その念佛賦算の足跡は東北日本からほぼ天下に遍く、遊行に生き遊行に死するその旅程、聚落に到着するや賑々しく隨時念佛興行したのち、喧噪の場面を去つて淋しき山野を歩きつくし、蕭雨には行きくれても、破れ傘下駄穿きの行路を行き暮らすのである。その間の敍景、廣く天地は涯際なく、田圃はもとより山野も林叢も遠山もすべて模糊、雲と霧とに遮へられ人影は絶え、鳥のみが夥しく群れ飛ぶのを見るのみ、山野茫々がどこまでも測り難く、廣大な天地のうちにあつては、孤影ひとりかぎりなく小さくも歩みに歩みをかさね、朝暉夕陰、雲霧のうちにやがては包攝されつくすといふ一遍の繪姿は、筆舌のよく及ぶところにあらざる深みを有ち、寂寥の感に人はひしひしとうたれるのである。天地の自然は人をそのうちに包みこむが如くにして然らず、我空は同時に法空、幽なる南無阿彌陀佛そのものにほかならない。かくて、一遍の漂泊遊行の念佛賦算は、念佛が念佛を申す法悦の旅程以外の何ものでもない。一遍の遊行はどこまでも顯なる事實であるが、一遍その人の上にあつては同時に、顯のうちに幽のころをば踐み、幽のうちに歩みをかさね、幽のかそけきを心のうちに踏みあるを覺えてゐたに違ひないのである。刈田に飛ぶ雁、法衣を濡れそぼたてしめる春の雨、遠くの奥の野山を白々と埋めつくす積雪、そのどれもが念佛のゆかりにあらざるはなかつたからである。絹本着色全十二巻四十八段から成るタテ三八・三センチの『一遍聖繪』(歡喜光寺本)は、顯の世界がそのままに、一遍その人が自證し體認するところの幽の世界を描きつくすものであつて、顯と幽との相卽する法界曼荼羅そのものである、と云つてよいであらう。

註

(1) 本書所收「神佛體驗の論理學——念佛が念佛を申すなり」

四、三尊佛 那智瀧圖

三尊佛といふ言葉がある。西方の彌陀と觀音・勢至とのいはゆる彌陀三尊が、念佛行者のまさに命果てなんとするそのときに來迎し、極樂淨土に迎へとるといふのであるが、禪堂で三尊佛といふそのときは、釋尊に配するに文殊と普賢とを以てする。また藥師如來は日光と月光の兩菩薩をここに配する。斯うした三尊形式はやがて室町期から江戸期の末に至るまで庶民の信仰として汎く普及を見たところの三社託宣の床飾り(床莊嚴)となり、國學の進展浸透を見るにつれて造化三神の三軸を床飾りに配することとなつた、と云つてよいであらう。ついてはこの床飾りであるが、東山時代からは同じ三幅一對の形式として、本尊のみが佛畫であり、脇繪には花鳥や山水畫を以てするといふ組み合はせをもつ形が、著しく眼を惹くやうになる。一見、これ觀賞者の恣意に出づる偶然的な組み合はせに似て、不統一を思はせるものがありながら、當時の人々にとつては僧俗ともに佛畫の本尊に花鳥や風月を以て脇繪とするといふことにつき、いさゝかも奇異の念を抱き、これを排することがなかつたのは何を以てであるか。京都大德寺の什寶として牧谿の白衣觀音を中幅に、左右に配するにこれまた牧谿の猿鶴圖を以てする紙本三幅圖が傳へられてゐる。中幅は「蜀僧法常謹製」と款し、「牧谿」の朱方印を捺し、左右兩幅に「牧谿」の白文方印が捺されて、現存する牧谿畫蹟中の白眉といはれてゐるのであるが、これとは別にこの左幅には「道有」の印記あり、右幅には「天山」の印記をもち、ともにこれ將軍義滿の法號及び道號であるところから、その鑑藏を經たるものであると知るのであつて、義滿のその雅意竝びにその想念の動向と志向の深さとを語るといつてよい。芳賀幸四郎博士の名著『東山文化の研究』によれば、斯うした床飾りの事例はそれこそ枚擧にいとまがないと云つて、たとへば『蔭凉軒日錄』延德二年五月十二日の條には、

本尊觀音は牧谿筆、脇人形騎驢圖、月湖筆

とあり、また同年五月十五日の條では、

本尊出山釋迦　馬遠筆　脇山水　馬麟筆

とある。かうした三幅一對には長享二年四月十五日の條を見るやうに

本尊觀音　牧谿筆　脇左右猿　牧谿筆　左右鷺　牧谿筆

と五幅一對のことすらあつたのである。このやうな三幅一對の床飾りは、もともと三尊佛形式を踏ま

へたものなのであらうが、その場合本尊の佛畫に花鳥山水は配することがあつても、そこに人は些の違和感をもつことがなかつたといふことは、文化史上、思想史上の一問題たるを喪はないであらう。この場合、觀賞者の心理にそれとは意識されることなしに、生き通しに生きてゐるものはといへばほかでもない、「磐根木株草葉猶能言語」（紀、天孫降臨章第六一書）、或は「荒振神等又石根木立草乃片葉辭語」（常陸國風土記、香島郡）といふ遠い昔からの感覺であるに違ひない。かうした感覺が深層心理として生き通しに生きてゐるとこのやうに把握し理解するを以て、最も當を得てゐるといふべきであらう。されば三尊形式の、やがては端嚴なるべきその中尊は次第に和樂燕居の相貌を帯び、脇侍の菩薩等の畫は次第にその姿を沒して、龍虎猿鶴のみがこれに代るに至るのである。雪舟の破墨山水圖は、一墨の濃淡の山水が靜中無量の意想を躍動せしめるものがある。

かうした事實、かうした現象は、およそ吾人が知的論理に基礎を置いて求める思考や哲學からすれば、これをアニミズムといふ云ひ方で解釋し納得することとなるのであらうが、こゝに立場を替へて心理學的視點に立つてみるかぎり、かうした合理的理解や把捉ではものの本質を逸する懼れ多分になしとはしない。吾人はおよそ哲學的思想や教義をこゝで問題としようとしてゐるのではなく、本尊佛の脇繪として花鳥や風月、山水を配してこれをいささかも不思議とせず、かつ少しも怪しまうとはしない社會的文化的現象の感覺を問はうとしてゐるのである。つまりすなはちかうした三幅對を生み出すに至つたわが國びとの深層心理的な本性を、問はうとしてゐるのである。ユング Jung, Carl Gustav

には「たましひは本來宗敎的である」といふ言葉がある。このことはおよそ人間の心理學的本性の深層には、もともと宗敎を生み出すやうななにか本質的な契機乃至は傾向性が、先天的に潛在してゐるといふことを言はうとしてゐるのであると、湯淺泰雄博士このやうに申してをられる。(1)

道元撰の『正法眼藏』九十五卷、このうちに「谿聲山色」の雄篇がある。佛法の龍象を深く學べる蘇東坡居士蘇軾が、廬山にて谿水の夜流する聲《おと》を耳にして悟道するところあり、そのときの偈が「谿聲便是長廣舌、山色無非淸淨身、夜來八萬四千偈、他日如何擧似人」であつたといふ。これ大乘禪の無情說法の眞理を完璧にしかも藝術的に表現し得たものとして、彼の名聲に併せて、わが鎌倉期以降の禪門の隆昌と表裏して人口に膾炙するに至つたのである。谿聲はこれを佛陀の說法であり、山色はそれ自體淸淨法身、眼にふれ脚下に踏むあるはそのままにこれ自然であり、至尊の法界そのものであると云つてゐるのである。そこで道元は次のやうに云ふ、「うらむべし、山水にかくれたる聲色あることを。またよろこぶべし、山水はあらはるる時節因緣あること」をと。谿聲山色の長廣舌を人ありてこれを耳にしたりとはいへない。山色にありては顯にこれを耳にすることのできぬ幽の谿聲の、本來あるべきをいふのである。この幽の谿聲に參入聽聞のこれあらねばならぬをいふのである。

『出雲國風土記』に神名樋山(意宇郡)、また神名火山(秋鹿郡)といふ名稱をもつ山四ケ所にわたりあるを見、楯縫郡の神名樋山の巓の石神は多伎都比古の御魂これなりとある。神の坐す山がすなはちカムナビ山なのである。『萬葉集』は富士山を「いひもかね、名づけも知らに、靈しくも坐す神」といひ、

「大和の國の鎭とも坐す神かも、寶とも成れる山かも」（三―三十九）と、富士の山を神と仰いでゐる。この山の西峯は貞觀六年大噴火のとき、淺間明神の祠を營み官社に列した。その翌る七年十二月の『三代實錄』には、甲斐の國司が山頂に彩色美麗なる石の社殿の造營成れるあるを仰ぎ見ることができたとある。都良香の『富士山記』は富士の山を神仙の遊萃する所なりと讚仰し、去る承和年中峯より珠玉の落ち來るあり、玉に小孔あり、人これを仙簾の異珠ならんといつたといふ。また貞觀十七年十一月五日のことなりとして、山峯を見るに白衣の美女二人あり、山峯に雙舞するあるを人々ひとしく見るところがあつたといふ。富士はもと神の山であり、幽なる神に人は接してゐたのである。『出雲國風土記』にいふ神名樋山も、はたまた富士の山も、もともと幽なる神を顯なるものとして、幽と顯との相互が意識の上では無礙に媒介しあひ、相卽し圓通するあるさうした場であるといふことなのである。カムナビの語幹ナバルとは隱れるといふことである。土佐は南國市十市の劒尾神社では「年間最終の祭りを特にオナバレといふ。神の隱れるといふことであらう」と、この地出身の土居光知氏が申されてゐる。(2)

根津美術館の名高い「那智瀧圖」は、自然美の單なる描寫ではない。莊嚴雄偉の飛瀧の背後に鬱蒼たる山巓に大きく輝き出る日輪が添へられ、言葉にならぬ神聖感をそそるあり、瀑布の前には拜殿、そこから瀑布を拜する構圖、云ふまでもない落差百三十メートル壯大なる瀑布それ自體、本尊畫としての威嚴をもつ。アンドレ・マルローはこの瀧の圖を見て、瀧はここではまさしく神だ、自然の超自然として、つまり自然の精神化としての神なのだと讚へたといふ。このことたる、ひとり那智の飛瀧にかぎるなく、吾人がそれぞれの日常の場に於てもまた體驗するところの美なのである。顯と幽とは理行具融し、人法は相互に相卽しあひ、無礙に相依の關係に於てあるのである。『榮華物語』は寛弘五年四月からの宮中での法華三十講のことを記して、かうある。

　きたなげなき六位衞府など薪樵り水など持たるをかし。殿ばら僧俗歩み續きたるは様々をかしう、めでたう、尊くなん見えける。

と、三十講の場面を描き出しつつ、

　苦空無我の聲にてありける讚歎の聲にて、遣水の音さへ流れ合ひて、萬づに御法を說くと聞きなさる。法華經を說かれ給ひたるも哀れに涙止め難し。（「初花」、日本古典全集上巻）

これ蘇東坡の谿聲山色の偈そのままである。道元はいふ、「正修行のとき谿聲谿色、山色山聲ともに八萬千偈ををしまざるなり、自己もし名利身心を不惜すれば、谿聲または恁麼の不惜あり」（『正法眼藏』、谿聲山色）とこのやうに云つて、次のやうな結論をもつてきてゐる。

　たとひ谿聲山色八萬四千偈を現成せしめ、現成せしめざることは夜來なりとも、谿山の谿山を擧示する盡力未便ならば、たれかなんぢを谿聲山色と見聞せん。

谿山は谿山を不斷に擧示してゐるのであるが、人にしていまだ盡力しきることこれなければ、谿聲も山色もその長廣舌はこれを耳にすることができない、といふのである。『紫式部日記』ではその巻頭にかうある。

秋のけはひたつままに土御門殿の有樣、いはんかたなくをかし、池のわたりの梢ども、遣水の邊の草むら、おのがじし色づきわたりつつ、大方の空も艷なるにもてはやされ、不斷の御讀經の聲々あはれまさりけり、やうやう涼しき風のけしきにも、例の絶えせぬ水の音なむ、夜もすがら聞き紛はさる。(岩波文庫本)

泉水の遣水のよもすがら潺湲たる音なひはこれ、不斷の御讀經なりと聞きなされるといふのである。谿聲山色の長廣舌にほかならない。

註

(1) 湯淺泰雄博士『日本人の宗教意識』所收「近世・近代思想史の歴史心理學のために」、昭和五六

(2) 土居光知氏『古代傳說と文學』所收「文明と文學」、昭和三五

五、聽と聞と

時間とは「來る」と「去る」との不斷の交替にほかならぬ。かうしたリズムの底といふものは、思惟の直觀形式といふ理知によつてはおよそ認識できるものではない。時間と空間との、現實と人の心意《こころ》との間の截然たる判別は、これを區別として形式的には承認した上で、しかも現實と人の心意と

の二項對立を對立のままにうち超えるところの、雙極的一體的なる生の根源現象そのものであるといふことを、思はざるを得ないのである。

日本の音樂と西洋の音樂とを融合させ、現代の最高峰の作曲家として知られた武滿徹氏（平成八・八・二〇他界）がある。氏はつねに言つてゐた。私は作曲といふ仕事を無から有を形つくるといふよりは、既に世界に遍在する歌や聲にならぬ嘯《つぶやき》、さうした嘯を聽きだす行爲ではないかと考へてゐると。氏はいふ、音は生きものである、私は音を使つて作曲するのではない、音と協同《コラボレート》するのである。作曲とは音が語りかけてくる毀れやすい言葉の表情のいろいろ、かうしたいろいろを聽きとる作業なのである。その意味で空とか海とか、木とか葉つぱとかが私に語りかけてくるさうしたものにお禮をいひたいと（「時間の園丁」平成八・四・二九、毎日新聞）。どこまでも幽にとどまる音を聽きわけ、これに耳と心とを全開せしめて顯にまで媒介せしめるさうした作業が、氏の作曲活動のすべてであつたといふのである。氏は「音を聽く」といふ。「聞」ではない、「聽」なのである。聽とは此方から相手の上に意を注いできくこと、聽講とか聽取聽診といふ熟語のあることを思ひ合はすれば、聞との違ひはよくわかるであらう。人の世界にはそれこそ音にもなつてゐないけれども、しかもそのうちにはゆるやかな調子で、歌はれてゐるものがあるといふのである。これを氏は「嘯」といふ文字で表はした。この嘯にはまた耳中に鳴る嘯聲といふ意味あひをもつ。氏はさうした耳底にかそけくも響いてくる幽の音を聽きわけることができたのである。充實した心の觀得に於ては一瞬だに去來するをやめぬ時といふもの、さうした時の流れの裡にあるところの永遠なるものをば、把握し感得することができた、といふことなのである。

およそ音樂は、建築や彫刻繪畫等の造形美術に比して、空間性はもともと乏しい。空間性の乏しい藝術であるだけに主體的内面的なるものをば、端的直截的に最も純粋に近い形で表現することができるといふ、浪漫性を多分にもつてゐる。さうして内面的な主體性、浪漫的な表現としての音樂は、彫塑的な明晰性はもともと缺く藝術であるが故に、本來的には超論理的なのであり、さうした超論理的なるものの示唆性、乃至はさうした暗示性を表現するといふ象徴性を以て、音樂藝術はそのいのちとするのである。さればそれは對象性を離れて美的にして且つ情趣的なる、漂渺として言語には悉くしがたき陰翳を伴なふ。斯うした言語のよく及びがたきものには耳を傾け、これを聽きとり、さうした幽思幽情とのシンパチアを五線譜の上に語らしめんとしたのが、武滿氏の作曲活動なのであつた。ここに氏の作曲の、他者には容易に追隨しがたきものを有つた所以がある。氏の音樂は幽顯に出入するものであつたといつてよい。

舞臺に出演した俳優大原麗子さんがかう述べたことがある。舞臺では全身全靈といふか、命をささげるといへば、オーバーにすぎるかもしれぬが、それほどエネルギーが要る。お客のエネルギーをいただいてはじめて舞臺をつとめられるのであると（平成八・八・一七、毎日新聞）。觀客のエネルギーといつても、人はこれを手に執り見るといふことはできない。肉の眼を以てもこれを提示することも勿論できない。それはどこまでも虚にしてしかも實なるもの、幽にしてしかも顯なるものなのである。舞臺での演技はそれこそ幽顯に出入し、日月耳を洗ふに彰はれる底のもの、觀客のエネルギーは對象的・客體的な學解の知として把捉されるロゴスではない、觀客と演技する俳優との間のシンパチアなのである。ここでは幽は顯に轉生しきつてゐるものであるといつてよい。

谿聲山色の幽の聲《おと》を聽くといふことも、武滿氏が耳底にかそけく鳴る聲《おと》を耳にするといふのも、ともに環境―客體的なるものから自己に働きかけてくるものに接するといふことこれであり、人はそこで出逢ひをもつといふことにほかならない。精神文化とはかうした非日常的なるものとの經驗であり、この非日常的なものを顯に對する幽とよぶならば、かうした幽の直觀と自覺とその直證から精神文化は生まれてくるのである。眞理とは非日常的なものの吾人に對するよびかけの心證なのである。二宮尊德はその天地人三才一圓仁の體認と身證とを、「聲《おと》もなく香もなくつねに天地は、かかざる經をくり返しつつ」と詠んでゐる。天地の經文とはかうした幽なる眞理の、顯なる人へのよびかけであり、はたらきかけにほかならない。

されば斯ういふのが正しいであらう。卽ち認識とは客體的な對象に從ふものではなくして、逆に對象が吾人の認識に從ふのであると。吾人が認識理性は、これは認識する顯にある主體に從屬するものではなく、却つて顯を超えて在る乃至は顯の基底に屬するところの、それこそ超越的なる幽なるものにより、つねに媒介されてあるものなのである。顯と幽とはこの意味に於て相卽し、顯はどこまでも顯であり幽ではないが、しかも幽はつねに顯との無礙なる相關と圓通の關係に於てあるといふことなのである。幽は顯の現象乃至は事象の底につねにとどまりをり、人は顯での體驗の深まりを通してそれをそれと認識し把捉し、顯なる人間主體の心の深みに於て、それをそれと納得するといふことなのである。その意味に於て顯はつねに超越的なる幽に媒介されて在るといふことなのである。超越は思考をめぐらし行爲《はたらき》（Leistung）をかさねるものの內に、隱微のまゝに內在してゐるのであり、人がその行爲《はたらき》をなし、出來ごとが出來ごととして自己の上に重疊し累積するそのとき、幽は顯に自己を具現せしめ、超越的なるものは體驗的に內在へ轉ずるのである。外が內となり、內が外となるそのとき幽は顯として、顯を成り立たしめ、人は幽を幽として把握し納得し、これを體認することとなるのである。

たとへばここに柿本人麿呂の詠むところと傳へる歌「あしひきの山鳥の尾のしだりをのながながしき夜をひとりかもねむ」がある。「序歌としてはしかさりにおもしろく作りたる」ものと本居大平はいふ（『百人一首あつさ弓』）。そもこの戀の歌は序がおもしろいのであるが、大平のいふやうにこのしだり尾云々を「枕言ナリ、釋注スルニ及ハス」といつて、長い長い夜を云つてゐるだけのもの、秋の夜長のひとり寢のわびしさをかこつ嘆きであるとのみうけとるのでは、あしひき山鳥の尾云々が釀し出してゐる嫋々たる言葉の響き、そこに盛りこまれてゐる幽れたる餘情はこれを逸するといふことになる。長き夜といふ顯なる事實がともなふ縹緲たる幽の趣は、これを看過しては、內にこもつた戀の切なさ、あはれさは喪はれてしまふ。幽と顯との相互關係、幽と顯とが相互圓通無礙の關係にあるところの現實世界の認取體認から、萬里距たる。外在的なる real は內在的なる reell としていつも在るのである。

わが國民文化深層の風姿

一、神を祈る

人は〝神に祈る〟といふ。ではあるが、『萬葉集』では神に祈るといふ云ひ方とは裏腹に〝神を祈る〟といふ。およそ古語通ざれば古義明かならず、古義明かならざればすなはち、古學復せずといふ反省を俟つまでもなく、古義を明らめるために、『萬葉集』でのかうした云ひさまにつき、考へねばならぬものがあるやうに思ふ。

天地《あめつし》のいづれの神をいのらばか　愛《うつく》し母にまた言問はむ　（二〇―四三九二）

は遠く徴されるがまゝに、筑紫に下つた防人が、ふるさと下總に遺してきた母への思慕の切々なるを詠つてゐるのであり、

玉たすき　懸けぬ時なく　わが念へる　君に依りては　倭文幣《しつぬさ》を　手に取り持ちて　竹珠を　繁に貫き垂り　天地の　神をぞわが乞ふ　いたもすべ無み　（一三―三二八六）

には次の返歌を伴ふ。

天地の神を禱りてわが戀ふる　公いかならず逢はざらめやも　（一三―三二八七）

また、

いかにして戀ひ出むものぞ天地の　神を禱れど吾は思ひ益す　（一三―三三〇六）

がある。もとより「戀ひ」と「乞ひ」とは別音であるけれども、ともにひとしく助詞「を」をもてそのはたらきをあらはしてゐるところに、吾人は注目するのである。筑紫に下向した防人は、

霰ふり鹿島の神をいのりつゝ　すめらみくさに吾は來にしを　（二〇―四三七〇）

天地の神を祈りて幸矢貫き　筑紫の島をさして行く吾は　（二〇―四三七四）

とひたすらに神を禱りて故郷をあとにしたのである。八重の潮路はるかに入唐使に賜はれる歌も、「神に」ではなくてひたぶるに「神を」祈りて、

海若《わたつみ》のいづれの神を祈らばか　ゆくさも來《く》さも船し早けむ　（九―一七八四）

と詠み、罪を得て佐渡に流された穗積朝臣老は大王のみことかしこみ、奈良山を越え宇治をわたり、志賀路をたどるのであるが、

天地を歎き戀ひ禱《の》み幸くあらば　また還り見む志賀の韓崎　（一三―三二四一）

と、こゝでもひたすらに天地の神を戀ひ禱むのである。

このやうに神を祈る、神を戀ふといふそのときの助詞「を」は、神は人目《ひとめ》にはどこまでも隱微で隱れそれと定かではないけれども、その神を顯事の上によび起し、或は招き寄せ、これをわが上に實あるものたらしめんとする、さうした希ひの筋がはたらくそのとき、おのづと「神を」といふ表出となるのであると思はれる。「神に祈る」といふときの神とは、祈る主體にあつてはどこまでも汝としての卽ち二人稱として對象的客體的な存在にとどまる。ところが「神を祈る」といふそのときには、こ

の對象的客體的にとどまるを神は、そのもとよりの對象性客體性をば昇華せしめ、祈る主體の上に寄りそひ寄りつくものあるを、自證し體認することとなるのである。「に」も「を」も助詞である。かうした助詞のもつ意味連關、これを富士谷御杖は「脚結」と名づけて次のやうに云ふ。たとへば『萬葉集』、軍王の讚岐安益の郡にいでまし、山を見て作れる歌、

丈夫と　念へる吾も　草枕　旅にしあれば　思ひやる　たづきを知らに　網の浦の　海處女らが
燒く鹽の　念ひぞ燒くる　わが下ごころ　（一—五）

この條「たづきを知らに」の「を」を、この「を」を御杖は「必しかあるべき事をしかするといふ脚結也」といふ。このことは「神を祈る」といふ云ひ方につき考へるに、示唆するところが大きい。卽ち神を祈らば必ず神のはたらきがおのづと、人の作意を超えて我が上にあるべきを信じ、かつ思ふのである。さればこのとき人は「神に祈る」のではなくて、「神を祈る」といふことばがおのづと口をついて出てくるのである。「たづきを知らに」とは、自己にとりては客體たるにとどまる「たづき」が、自己の所思所念の上に何らかの形ではたらくあるべしといふ期待が、そこによみとられるのである。この軍王の歌の反歌「山越の風を時しみ寢る夜おちず　家なる妹をかけて思びつ」（一—六）、こゝでいふ「風を時しみ」とは「山かぜの所爲になさむがため也」、されば「家なる妹を」の脚結「を」は、家なる妹の俤がその對象性客體性を超出して、詠ふ當事者の心の上に生きて語りかけ、はたらきかけてくるものあるを、覺えてゐるのである。

神とは哥にもせよ文にもせよ、詞のうちにふかくかくれて、さまさまの妙を具したる魂を申候、……人の心至極すればすなはち、神の御心おなし物にて候故、とりもなほさず神とは名つけたるにて候。

されば歌とは端的に「神をあふへき事」のためにほかならず、「神にあふ」がためのものではないとこのやうに、富士谷御杖はその『歌道非唯抄』で述べてゐる。こゝで御杖が「神をあふ」といふ特異な表記をしてゐるところに着目したい。彼には未完の『浄土和讃燈』の零本がある。この零本『和讃のともしひ』の「誓願不思議をうたかひて」云々に註を施して、「をとはすへて當然の理外のことにとりなすをいふ」といつてゐる。彌陀の誓願の不思議といふことをば〝を〟といふ助詞から、彼のいふ脚結からの讀みとるところであつて、こゝに人目《ひとめ》からは隠れた幽意、それこそ理外の理への關心としての彌陀の誓願、彌陀の慈悲の廻向をばよみとるのである。斯うした理外の理の闡明が、「神を祈る」といふ脚結の使ひさまとなると見るのである。かゝる理外の理を演繹するそのときに、人は「神を逢ふ」といふ。「神に逢ふ」のではないとこのやうに、御杖はいふのである。御杖の『北邊隨筆』に「脚結のをもじ」と題し、「を」の微妙なる使ひさまの考察を、以下のやうに試みてゐる。

古今集雜下「かぜふけばおきつしら浪たつた山」といふ語の左註に「よふくるまで琴をかきならしつゝうちなげきて云々、このもじは琴ひくべき機嫌ならぬに、心ならずもひくさまをおもはせられたる也、もと琴はひくべき爲につくる物なれば、かゝらぬ時こそをとはいふべけれ。又いと後の世の歌なれども（新古今 公衡）〝かりくらし　かた野の眞柴をりしきて　よどの川瀬の月をみるかな〟などよめるをもじ、家にかへりてのちみるべき月を、おもほえずかた野にて見つるかなとの心をおもはせてなり。脚結はすべてをもじにかぎらず、いづれもかゝる心えある物なり。おろかにすまじき事、このひとつにてしるべし。

以上の考察、いさゝか穿ちすぎたる嫌ひなしとはしないながら、もと酒はこれのむために醸み、文はこれ見むために作れるもの、されば酒をのみ書をみるとはいふべからず、「もし目しひたる人のふみをよみ、やまひある人の酒をのまば、そのときにこそ必ず『を』もじはこれを置くべきもの」であると、このやうに御杖は父の成章から、脚結の「を」の使ひさまを教へられたといつてゐる。

およそ世の論理を超えた理外のことに直面したそのとき、理外のことに觸れたその心ばせの意外性、その驚きの情をば云ひ表はすがために、助詞の「を」を置くのであるといふのが、御杖の說である。されば「神を祈る」とは、人の目から隠れて、それとは判然とは見定め難き神のそのはたらきを喚起し、それをほかでもない、我が上に實あらしめんとする、さうした希求の表現にほかならぬ、といふことになるであらう。

和銅三年の藤原宮から寧樂の宮へとの都遷りのときの、太上天皇の御製と傳へる歌に、

飛鳥の明日香の里を置きていなば　君があたりは見えずかもあらむ　（一―七八）

また次の「天皇の命かしこみ柔びにし　家を放《さか》りて」（一―七九）云々がある。輕皇子の安騎野に宿りたま

ふときの人麿呂の歌には、

八隅し　吾が大王　高照らす日の皇子　神ながら神さびせすと　太敷かす　京を置きて（一―四五）

云々がある。こゝでいふ「里を置く」「京を置く」「家を置く」と詠ふその心意につき、御杖はかう解釋する。「こゝにひさしくすみつきて居心よき家を云ふなり。乎もじはさる住心よき家なれば、はなるべきこゝちなきとの心を思はせたる也」（『萬葉集燈』、三）。そこで前記『北邊隨筆』にいふところを勘考するとき、「里を置く」「京を置く」「家を置く」といふ云ひ方は、單に住心よきを置き放ちするそのことを忌むといふだけのものではなくして、家にも里にも、そして京にも、それぞれ我の上に幸はひたまふ神ましますのに、便宜さといふことのためから都遷しや家移しするといふのは、京の、家の、そして里の神にとりては理外の理であるとしなければならぬ。意外のことであり驚きであり、事の意外性に出たる趣なるに直面したが故に發するその心の驚きを、助詞「を」以て云ひ表はさうとしてゐるのだと、御杖はいふのである。

このやうに「を」について考へてくるそのときは、「神を祈る」といふ云ひ方は對象的客體的に考へられてゐる神が、その對象性客體性を超越して人には意外なる驚きもて、潑地の活動的機動性を、神が祈る主體の上にみづからを發揮せしめ展開せしむべく、換言すれば、神威はそこに現成あるべしといふ眞摯な期待と信頼とが、その裏にあるといふことなのである。「幽」の神が幽を拔け出て、或は幽を超えて人の上に顯の神となるべきことへの希求と期待、これ「神を祈る」といふ意識の上での實なのである。『新撰字鏡』は「祰」につき「辭申神祇、求福壽之皃、祈也、要也、禱也、伊乃留《いのる》」と說き、「託」については「伊乃留、又久留比天毛乃伊不《くるひてものいふ》、又口波之留《くちはしる》」（振り假名は筆者）とある。祈りとは、神の顯現と現成とを要めるそのことであり、神はこれにこたへて顯界に自身を現はすことあるそのときは、人にはくるひてものいふとも、うけとられることにもなるのであらう。神意がしかじかであると口《くち》ばしられることにもなる、さうした期待が、「神を祈る」といふプラクシスにほかならないのである。

夜竝べて君を來ませとちはやぶる　神の社を祈《の》まぬ日はなし　（一一―二六六〇）

吾妹子にまたも逢はむとちはやぶる　神の社を禱《の》まぬ日はなし　（一一―二六六二）

こゝにても「神の社を」とあり、「神の社に」とはない。

菅の根の　ねもころころに　わが念へる　妹に緣《よ》りては　言の禁《いみ》も　無くありこそと　齋戶《いはひべ》を
齋ひ掘り居《す》ゑ　竹珠を　間なく貫き垂り　天地の神祇ぞ吾が祈《こ》ふ　いたもすべなみ　（一三―三二八四）

このやうに神に對しては、「神を祈る」或は「神を祈ふ」といふことこそあれ、「神に祈る」といふことはないといふことを知るのである。

二、富士谷御杖

富士谷御杖は國語の精緻な語學的研究を以て、古典學の上に一家を成した人であり、別して土田杏村が夙に注目したやうに、哲學的な思惟にすぐれたものをもつてゐた。その主著『古事記燈』はとりわけその力を傾けたところ、その主張の骨髓は、「意富牟泥」の下篇所收なる「神典一部心法」に、これを悉くすものがある。この「心法」は鏤骨推敲のあと著しく、幾たびか書きかへられ、國民精神文化研究所版『富士谷御杖集』（昭和一一）第一巻の編者志田延義博士が解題には、それぞれ改稿本（京都大學）、脫稿本（國會圖書館本）、刊本、と名づけてそれぞれに精細な對比が施されてゐる。ついてはこの脫稿本行文の上に神を祈るといふことの言及がある。

かつ世に祈禱をこととするもの、そのいのり事しるしある時は、おのかいのりのいさをかほなれとも、もししるしなき時は、そのいのりぬしの信淺きが故也といふ事、祈禱家のつね也、けに信深き人は思はぬしるしをもうるものなれは、さるへき理なるへし、されと此事をよくよく思ふに、不信なりともたすけたまはむこそ、神のうつくしみといふへきに、しかあらは畢竟わか信力のしるし也。もと奇特はわか信力にある事ならは、いかてかこと更に神をいのるへき。（傍線筆者）

この條、彼は「神に祈る」といふことを意圖的に避けたのではなく、「神を祈る」といふ云ひさまが極めて自然なかたちで筆に乘つてゐることを知るのである。御杖は神を祈ることにより、人は神道に乘ることができるといふのである。「奇特妙事の祈りあらはるゝにも、皆かなたより出來たものなれば」云々といふ斯うした思考は、御杖その人の上に少からぬ淨土眞宗の影響ありとしてよい。御杖がいまだ成元をその名としてゐた當時、『三和讃ともしひ』述作の意圖があつたといふことからも、このことは察せられるところであるが、古事記への關心、別して天地初發以下の段々についての本居宣長の所説では、その詞の表面に縛せられることの強きに飽きたらなさを覺え、伯父皆川愿、父成章のいふ言靈の妙用の所説に心ひかれるものがあつたのである。斯うした關心の展開の間に、いつしか眞宗的な思惟に共感するところを覺えたのであらう。

文化四年丁卯仲冬の自署をもつ「神典一部心法」末尾にかうある。

神典一部、舒れば四十六件、巻けば七神三段、神世七代にして、その要、幽顯二路をたてて理欲をひらき、幽を先とし顯を後とするにあり(分註略)。神道をさきとする事、人道重きが故のわざなれば、人道を後とするをあやしむべからず。此神典を史よりさきに置き給ふ事、人道は神道より立つ所以なる也。

御杖の學はその主眼、幽を先とするといふ一點に置かれてゐた。記紀傳承が人の世の記述に冠するに神代を以てした所以もまた、幽の闡明といふ一事に在つたがためであると推測する。かうしたところから顯に對する幽そのことの體驗と理解の表現として、『萬葉集』に收められた近江舊都に寄せる高市古人その人の上に思ひ入れがあり、この思ひ入れから「いにしへの人にわれあれや　樂浪のふるき京を見れば悲しき」(一—三二) が生まれてきたと見る。舊都の荒廢をもたらした所以のものは、ひとへにこれ「樂浪の國つみ神のうらさび」といふ一事の上に求められる。「うら」とは表に對する裏であり、人にはそれとは見えぬ內側である。幽なる內の心である。御杖の『萬葉集燈』ではこの「うらさび」を次のやうに解する。

もと佐夫《さふ》といふは銅鐵などのさびといふが如く、內なる物のおのづから外にうかびいづるをいふ。されはこゝは、國つ御神の御心のうちにおぼす事の、おのづと外にうかび出たるよしを云也。

かうした「さび」を云ふ言葉には「勝佐備」のほか、「をとめさび」とか「をとこさび」、「神さび」「翁さび」等々がある。もとは內なるものの外におのづとうかび出でたるのあるが「さび」なのである。金屬の銹も俚語にもいふ「身から出たさび」もこれである。「娘子等が娘子さびすと、唐玉をたもとに巻かし　同輩兒《よちご》と手携りて遊びけん　時の盛りを留めかね、過しやりつれ」云々 (五—八〇四)、こゝで舞姫のをとめらが、いかにもをとめらしく振舞ふその外目《そとめ》の美しさ、これを「をとめさび」といつたのではない。をとめらの內にもつところのものの表出が、卽ち「をとめさび」なのである。また神が、そのうちにもつところのものが、外に感得されるそのときが「神さび」なのである。外づらだけが神々しいといふのではない。勝を得たものが勝利の心の內なる高ぶりを、ダイレクトに外に表出するのが「勝ちさび」である。ただ單に力の示威をいふのではない。「ゐなかさび」と「里さび」、この「里さび」は「さとび」、「みやこさび」は「みやび」といふ言葉となる。宮廷の内にもち傳へたるものが外に表出され感得される、これがすなはち「みやび」なのである。たゞ表づらの掻い撫でだけでは、詞づくりの深き心しらひは、これを逸することとなるのである。

「あさゆふ」「あさよひ」といふ言葉がある。「朝と夕、朝と宵とを顯に云ひ出でて、幽なる夜をおもはする也としるべし」、顯はすなはち幽を、幽はまた顯をそれとは云はずとも、「片方を詞として、言外なる方をおもはする事、これ脚結の專用なり」（『萬葉集燈』三）。表と裏と、內と外と、彼は彼、此は此でありながら、しかも彼此相離るることはないのである。

詞の表は言外の情より出たる物なる事、草木の根より幹枝花葉の生ずるに同じ。ひともとの木草、その精神はたゞ根にあるをや。されば根をしらむ事、枝葉にあり。枝葉をしらむ事、根にあり。竹の根に松は生ぜず、玉の根に草は生ぜず。このうちあひ、やむ事なき條理そなはれり。此面目をもて歌をとかば、說おのづから私をまぬかるべしかし。（『萬葉集燈』四）

すなはち顯に對する幽は虛であり、非實であるといふのではなくして、幽は幽なるがまゝに實であり、顯なのである。これ現實世界の實相にほかならない。

こゝに「乏《とも》し」といふ言葉がある。「羨《とも》し」にも通ずる。羨しと思ふ心は缺乏感の致すところである。現に見かつ感ずるところから發する缺乏感とは、幽なる感覺のはたらきそのものにほかならない。顯とは幽なるものがみづからを映し出したものなのである。このことは「神」についての御杖の把握、乃至はその理解の上にも示されてゐる。

神とは哥にもせよ文にもせよ、詞のうちにふかくかくれて、さまさまの妙を具したる魂を申候。これは人の修行のいたり、時をまちえてふかく感じ、しかも詞道にかなひ、それより後も生涯その道をはなれす、誠こりたる人の心のとゝまりたるにて候。人の心至極すれはすなはち　神の御心おなし物にて候故、とりもなほさす　神とは名つけたるにて候。（『歌道非唯抄』）

御杖はいふ、神とは人の身内にやどりたるものを言ひ、人とは神を身内にやどしたるものの謂（『古事記燈』大旨、神人辯）、神はこのやうにもと幽なるものであるから、人がこれをとり出しとりあげて、對象的客體的にその考究をすゝめるといふ手つゞきだけでは、幽意はこれをとりはづすべく、ひいては内外顯幽を混ずるといふことにもなりかねない。およそ對象的客體的なるもののうちに自らを投げ込み、對象的客體的なるものの方から自らの上に語りかけ、行はれてくるところのものに至心に耳を傾けるのでなければならない。我考へる、故に我ありではなくて、我考へるその前に我感じとる、といふことでなければならないのである。「佛のかたよりおこなはれて、これにしたがひもてゆくとき、ちからをもいれず、こゝろをもつひやさずして、生死をはなれ佛となる」（『正法眼藏』生死、道元撰）をこれ、僧堂での限つたことと思つてはならない。幽意とは言葉を、詞章を探究するものの心の裡に、それと感得され心證されてくるところのものなのである。二十世紀を代表する作曲家といはれた故武満徹氏は、作曲とは無から有を形つくる仕事ではなくして、既に世界に遍在する歌や聲にならない呟《つぶやき》を聽き出す行爲である、とこのやうにいつてゐた。靜寂が極まると、その無音の中からかそけきながら音が聞こえてくるのである。斯うした靜けさの中に花の精、木の精、地の精などが一齊に語りかけ、はなやかな音に滿たされるとこのやうに申してをられた。されば作曲論理で武裝する必要はないともいつてゐた。（「時間の園丁」、毎日新聞、平成六・四・一一）

空海には『聲字實相義』がある。こゝで彼がいふ聲とは音《おと》のことである。言語とこれを狹くうけとつてはならない。空海はいふ、「聲字には必ず實相あり、實相には必ず聲字ありて、互相に能所たり」。またいふ、

名敎の興りは聲字にあらざれば成せず、聲字分明にして實相顯はる。所謂聲字實相とは卽ち是れ法佛平等の三密、衆生本有の曼荼なり。故に大日如來、此の聲字實相の義を說いて彼の衆生長眠の耳を驚かしたまふ。若しは顯、若しは密、或は內、或は外の所有の敎法、誰か此の門戶に由らざらん。（大日本文庫本『弘法大師集』長井眞琴校訂、昭和十一）

これ極めて示唆するところ大なる記述である。この實相義を次のやうに私は理解する。すなはち吾人は釋尊の時代に生まれあはさなかつたがため、釋尊の說法はこれを聽聞することができぬといふことを歎きとする。しかしながら釋尊の聲に近い音はこれを聽くことができる。この世の萬物すべてその音を發したそのとき、その音は釋尊の聲に最も近い筈なのである。そこで多くの音を蒐め、これに聞思し沈潛するそのとき、さうした音は密度の高い空間の表現以外の何ものでもないが故に、釋尊の說

法そのものとなるのである。「諸尊の眞言は卽ち是れ聲なり」である。

萬葉集巻一に和銅元年戊申天皇御製歌、

丈夫の鞆の音すなり　もののふの　おほまへつぎみ　楯立つらしも　（一―七六）

は次いで記載ある御名部皇女の奉和御製歌、

わが大王ものな念ほし　すめ神の嗣ぎて賜へる　吾なけなくに　（一―七七）

を併せ拝誦するそのときは、首皇子の祖母阿閉皇女すなはち元明天皇の御爲には、同腹の姉にあたる御名部皇女の心のうちが生きいきと推し測られて、

歌の心は女帝にて大事のおほなめを行はせ給ひて、よろづに叡心をつけて愼み給ふなれば、天位をつぐ事は凡慮の計る所に非ず。すめ神の計はせ給ひてかく次にあたり給へば、思召すまゝにてさはる事はましまさじ。物な思召しそと御心を慰め給ふなり。物部氏をばかゝる時供奉して楯を立て、守護し奉れと祖神の定めて、後々の帝に賜ひたれば、其職に仕たまつること敢て怠らねば、思召あつかふことましますとなり。（『萬葉代匠記』巻之一下、初稿本）

とこのやうに契沖は、大嘗にあたつての天皇の御つゝしみの厚きを、その御内省の深きをよみとらうとするのである。[1] 元明天皇御製の和銅元年は授刀舎人設置の翌年であり、これ首皇子の卽位をひとへに期待するところの、「不改常典」の確立護持のための組織なのである。天皇御製にある「もののふ」とはこの授刀舎人たちであらう。この御製を大嘗を前にしての天皇御內よりのしきりなる省察と

このやうにうけとるならば、斯うした御心事を促したものは「丈夫の鞆の音」そのものでなければならない(1)。これ空海のいふ「聲字の實相」これなのであり、鞆の音が語りかけてくるところのそも毀れやすい言葉の表情をば聽きとつたのが、この御製であるとする。すなはち鞆の音とは「言靈」ならぬ「事靈」なのである。丈夫の鞆の音を通說のやうに蝦夷征伐にそなへての、舍人の調練に結びつけて解するのでは、これ御杖の忌むところの「內外幽顯を混ずる」ところの義解といふこととなってしまふであらう。

三、ことだま

『日本書紀』顯宗天皇紀元年の前紀の室壽の詞は、弘計王が來目部の小楯のための吉詞で、その前半は、

築き立つる稚室葛根《わかむろつなね》　築き立つる柱楹《はしら》は此の家長の御心の鎭め　取り擧ぐる棟梁《むねはり》は此の家長の御心の林　取り置ける椽橑《はへき》は此の家長の御心の齊ひ、

云々と吉祥の辭句をつらねたその續きに、

出雲は新墾　新墾の　十握の稻の穗　淺甕に釀める酒　美らに飲喫哉《をやらふるかね》　吾が子等《ひこたち》　脚日木の此の傍山の　牡鹿《さをしか》の　角擧《さゝ》げて　吾が儛はゞ　旨酒　餌香の市に　直《あたひ》以て買はず　手掌《たなそこ》も　摎《やら》

亮《ら》に拍ち上げ賜へ　吾が常世たち、

とあるこの段「牡鹿の角擧げて吾が儛はゞ」、こゝでこのやうに儛ひうたふは弘計王であるが、この王その人が同時に牡鹿そのものとなつて、角を小楯に擧《さゝげ》げてゐるので、こゝでは「吾が儛はゞ」と一人稱となつてゐるのである。古事記八千矛の神が高志の沼河比賣求婚のため幸行でましたときの歌は三人稱ではじまり、「嬢子の寢すや板戸を押さぶらひ、我が立たせれば引こづらひ、我が立たせれば」云々と三人稱がやがて一人稱に轉じてゐるのと、同じさまをこの弘計王の吉詞《よごと》に見る。同じ古事記の應神天皇が矢河枝比賣の家に行幸ましたときの歌謠「この蟹は何處の蟹」にも、かゝる轉換を見せるところがあるのであつて、

この蟹や　何處の蟹　百傳ふ　角鹿の蟹　横去らふ　何處に到る　伊知遲島　美島に著き　鳰鳥の　潛き息づき　しなだゆふ　佐々那美路を　すくすくと　我が行ませばや　木幡の道に　遇はしし嬢子

云々がそれである。こゝで一人稱の「我が行ませば」とあるその我とは蟹である。この宴の席、蟹に扮した俳優がいかにも蟹らしく演技してゐるのである。

『出雲國造神賀詞』とは新任の出雲國造が、一年ものきびしい潔齋のあと、朝廷に參向して聖壽萬歳をことほぐそのとき、奏上する賀詞であるが、その要とするところは、出雲の國の青垣山の内に伊射那伎の日眞名子、加夫呂伎熊野大神櫛御氣野命、國作り坐し、大穴持命二柱の神を始めて百八十六

の社の皇神たちを出雲國造自身が、弱肩に太襷取挂けて齋ひ祭れるその返りごとの賀詞なのである、といふところにある。賀詞奏上を奉仕する出雲國造はこのとき、出雲國鎮座の百八十六社の皇神を荷なひ、といはんよりは百八十六社の皇神そのものになつてゐるのである。さればこのとき國造が奏すは國造の奏す賀詞ではなくして、皇神たちの奏すところのそれであるが故に、この賀詞をむかしから特に「神賀詞」といつて、特別視してきたのである。また『續日本後紀』巻十九所載、嘉祥二年三月二十六日興福寺法師たちの、仁明天皇寶算四十に滿てるを壽ぐ長歌は、「山階の佛聖の奉獻りたまふなり」とあるやうに、こゝで奏するのは恰も出雲國造神賀詞が、出雲百八十六社の皇神たちの奏するところであつたやうに、人としての僧たちではなく山階寺の佛聖それ自體の奏すところのものなのである。また大嘗祭や正月元日の朝賀に奏せられる『中臣壽詞』は、中臣の遠祖天兒屋根命が天忍雲根命を天の二上に上せ、國土の水に天上の水をとり加へ、皇孫の御膳の水となしてこれを獻りますが故に、天つ水をいたゞきたいと皇祖の神に請はせられると、皇祖の神は天の玉櫛を授けられて、「この玉櫛を刺し立てゝ、夕日より朝日の照るまで、天つ詔刀の太詔刀言を以て詔れ、かく告らば麻知は弱韮にゆつ五百篁生ひ出でむ、その下より天の八井出でむ、こを持ちて天つ水と聞こしめせ」と事依さし給うたとある。中臣壽詞の主體、その眼睛とするところは、かうした皇祖神自身の發せられる事依さしの聖語であるといふ、まさにそのことの上に求められるのである。中臣遠祖天兒屋根命ならびに天忍雲根命の行ひ《パフォーマンス》の上に求めらるべきものではない。

總じて顯を裏づけるものは幽にあるのである。六月晦大祓の詞に「かく告らば天つ神は天の磐門を押し抜きて」云々とあるその語句は、その直前なる「天津祝詞の太祝詞事を宣れ」を承けるのであり、神授の呪詞は、聖なるものであるが故に、これを顯にするといふことは避けられ、別途祕められたまゝで傳誦されてきたと思はれる。鎭火祭祝詞の冒頭「高天原に神留り坐す皇親神漏義・神漏美の命もちて、皇御孫の命は豐葦原の水穗の國を安國と平らけく知ろしめせと、天の下寄さし奉りし時に奉りし天都詞の太祝事を以て申さく」とあるを承けて、その結び「天津祝詞の太祝詞事以て、稱辭竟へ奉らくと申す」と見えるそのところから以下、冒頭と結びとの間に散りばめられてゐる詞章が、この場面では天つ祝詞そのものにほかならぬ、としてよいであらう。さればこゝでは「此の心惡しき子の心荒びそば、水神匏・埴山姫川菜をもちて鎭め奉れ」と、神は三人稱ではなくて一人稱以てその意向意志の表明があつたことを明かにしてゐる。幽なる神は一人稱を以て顯に自己をあらはすのである。

玉萎鎭石　出雲人祭れ　眞種の甘美鏡　押羽振れ　甘美御神の　底寶御寶主　山河の　水泳る御魂　靜め挂けよ　甘美神の底寶　御寶主

右は崇神天皇紀六十年の條に見るところの、丹波氷上の人氷香戸邊が幼兒の、自然にもの言つたその言葉である。もとより小兒の言には似ず、もしくは託言かと『日本書紀』はいふ。韻律的で格調もとのつた語句であるが故に、神意をそこに感じとることができるのである。

神風の伊勢の國の　百傳ふ度逢の縣の　拆鈴の五十鈴の宮に居る神　名は撞賢木嚴の御魂　天疎

る向津媛命ぞ

或はまた

日向國の　橘の小門の水底に居て　水葉の稚やかに出で居る神　名は表筒男、中筒男、底筒男の

神有《いま》す（『神功皇后紀』岩波文庫本）

このやうに修辭とゝのひたる辭句や詞章に乘つて幽の神は、自己を顯界に現はならしめる。やつめさす出雲、そらみつやまと、おしてる難波、あられふる香島等々、古くは地名や神名に美しい修飾語を冠し、乃至はもたしめて、これを人の言辭に乘らしめるといふのも、幽はこれを顯に、顯はこれを幽に媒介せしめんとする深層の思考が、隱微のうちにはたらいてゐるがためであり、「朝日の來向ふ國　夕日の來向ふ國　浪の音聞こえぬ國　風の音きこえぬ國　弓矢鞆の音聞こえぬ國」（倭姫命世紀）云々といふそのときは、幽はそのまゝにして顯、顯はそのまゝにして幽と一枚であり、表は裏に、そして裏は同時に表であり、紙の裏と表との關係、その形態はいはゞ連續の非連續であり、一は一にして同時に他に通じあひ融卽しあふものがあつて、表は表のまゝに裏は裏のまゝに、そして紙は紙として用に立ち、紙は自己のいのちを全くすることとなるのである。このやうに見且つ考へるそのとき、言靈そのものについて深く考へるところのあつた鹿持雅澄や富士谷御杖の所説をこのやうにもつことを吾人はよろこびとする。雅澄の『萬葉集古義』別巻「言靈德用」は、「言靈とは人のいひ出づる言語は自《オ》ら靈異《くしび》なる神魂《たましひ》のそなはりてあるを云」といふ。さりながら言靈とはひとり人の云ひ出づる言語に

關してのみのことではなく、それ自體が神のいひ出づる言語でもあるとしなければ、點睛を缺くであらう。御杖が『眞言辯』のいふところは斯うである。

言靈とは言のうちにこもりて活用《クハツヨウ》の妙（ママ）をもちたる物を申す也。萬葉集第十三巻柿本神詠に〝志貴嶋倭國者事靈之所佐國敍、眞福在興曾〟とあるをおもふに、言に靈ある時はその靈おのつからわか所思をたすけて、神人に通し、不思議の幸をもうべき事、わか神詠の詮なる所なり。

以上この所說、頗る私見に近い。而して「ことだま」はひとり言語靈たるのみならず、また同時に事靈でもあるべきなのである。

四、顯幽の相互映發

雅樂で吹き物といふのは笙と篳篥、それに笛、ともに竹を素材とするが、構造をそれぞれ異にするため音色は極端にまで違ふ。笙はいかにも雅樂らしい吹き物で、十六本の管が一つの吹き口に連結されてゐるため、もとより一本吹きは可能であるが、吹奏にあたつては、複雜な不協和音が同時にかなでられるといふこととなる。笙の吹奏は笛や篳篥と同じ旋律に乘せるのであるが、笛や篳篥の音程が高いため、笙の相竹は隱されて耳底にはそれとは聞こえてこない。このやうに聞きとりにくい幽の音ではあるが、奏者は肅然として姿勢をくづすことなく吹きつゞける。こゝでは幽の音は生きてゐてどこまでも顯なのである。

舞樂は雅樂を形象化したものである。一般には四人又は六人の舞人が同じ裝束で同じ舞を、初めは前向き、やがて後向きとなり、左右に向きを轉じながら反復して繰返す。この反復は、反復する樂器の旋律そのものの形象化なのである。そして四人又は六人の舞人は實は一人の舞人の投影にほかならない。四または六は一であり、一はそのまゝ四または六でもある。かうした連續的な反復が進行して行くうちにあつて、進行の彼方は深い靜寂あるを思はしめられるものあるのが、これ舞樂なのである。平調越天樂は三たび繰り返される。最初のそれと二回めは全樂器の合奏であるが、三回めでの旋律では、演奏する管樂器は徐々にその演奏を止め、やがて全管演奏をうちきり、絃樂器だけとなる。このときの絃樂器は途切れ途切れの拍子だけ、しかし聽く者の耳には殘樂の響きはなほ殘つて耳朶の底に聞こえてくる。こゝではすなはち幽は顯なのである。殘樂は斯うして聞こえて來ない音を聽かせる意圖をもつた演奏なのである。歌舞伎の柝《き》もまた殘樂なのである。刹那に消える柝の音が全空間を表象し、柝は早打ちを繰返しながらその最後のところでの、特に力をこめた一打でこの打ち方を締《し》める。この締めの一打は一つの音でありながら、舞臺いちめんに充溢高揚してゐる氣あひ全體をそれこそひき出すのである。舞臺のいのちはすなはち眼には見えぬ幽でありながら、同時に舞臺上のみならず觀客席も、ひいては劇場全體のいのちをもひきしめるのである。柝の一打は俳優がそれぞれの所役にうちこむ氣あひを、そしてまた舞臺の全生命をして顯ならしめるはたらきをもつ。柝の打ち方の呼吸はむつかしい。柝の一打は觀客のすべての心に明りを燈《とも》し、言葉にならぬ緊張をよび起すのである。

（木戸敏郎氏『若き古代』日本及日本人社、昭和六三）

歌舞伎にはまたツケ、正しくは附拍子《つけびようし》が俳優の演技には缺かすことのできぬものとしてある。俳優の動作または表情の緊張の高揚をたすけるため、道具方が俎《まないた》やうの板を拍子木で強く叩き、舞臺の演技と調子をあはせるのである。漫然と叩くのではなく、柝と同じやうに早打ちをいくたびも繰り返しながら、そのいやはては特に力をこめた一打を以て、この打ち方をとゞめる。このツケもまた殘樂の効果として、その効果を意圖的にねらひ、俳優の演技の心の高まりにあはせるとともに、その高まりをひき出すものであり、同時に觀客の、そして劇場全體の雰圍氣を、俳優の所作ならびに、その觀客に訴へんとする感情のすべてを、一段と際立たせる演出の効果をもち、より實のあるものたらしめるものなのである。俳優、舞臺、そして觀客が內にもつ幽なるものすべてを、ツケ拍子の叩き方ひとつで實あるもの顯なるものたらしめるのである。文樂の人形芝居、その開幕にあたつて黑頭巾の黑子《くろこ》が拍子木をうち登場し、陰にこもつた低い聲もて東西東西と呼び、これから舞臺をつとめまつる淨瑠璃ならびに人形をつかふ大夫の名を紹介する。この低い、しかしよく透つた黑子の聲が低く陰にこもつてゐるそれだけに、そのあと展開する太夫の三味線ならびに人形の舞臺は、この幽あるが故に顯はいちだんと觀客の心をうつ演出となる。幽顯の相卽相關の實をここに見ることとなるのである。

雅樂も歌舞伎も、そして文樂の人形芝居も、その舞臺ならびにその演出効果は、このやうにどこまでも顯と幽との交錯であり交謝であつて、そこでは幽は幽なるがまゝに顯としてはたらき、いのちをもち、御簾《みす》のうちなる外座《げざ》の囃し方も、役者衆はもちろん清元や常磐津、義太夫といふ本來それぞれが鮮烈なるべき門々一切の境が、回互と不回互とのすべてが、劇そのものの展開のうちにめぐりめぐつてさらに相渉ることともなるのである。

「誰《た》が袖圖屛風」とよばれる一連の屛風繪がある。江戸前期の制作、かなりの數が傳はつてゐる。その圖樣は、脫ぎすてられ衣桁《いこう》になに氣なくかけられた豪華な衣裳を中心に、うちさしのまゝの雙六《すごろく》やよみさしのまゝの册子などをそこにさり氣なく散らし、衣桁には匂袋《にほひふくろ》が吊るされ、畫面はすべてこれ平坦な金地、疊や襖《ふすま》などかうしたしつとりとうち漂ふいきな感覺、さうした感覺をともすれば衝き崩しがちな日常の生活的なものは、いつさい畫面にはない。すべてはこれこゝではその姿を見せぬ若き女性のあでやかさを思はしめるもののみ、『古今集』の〝色よりも香こそあはれとおもほゆれ誰か袖ふれし宿の梅ぞも〟(巻第一)が漂蕩せしめてゐる情緒性を畫面に表象しようとして、しかも十分に成功を見せてゐるのがこの畫面であり畫法である。主人公たるべき美しくも若やいだ女性は、この畫ではまつたく幽なのである。ではあるが、幽であるこの女性はこの繪を享受する者の眼には、そしてその心には、どこまでも實にして顯なるものとしてあるのである。近世初頭に流行《はや》つたこの「誰か袖圖屛風」は、顯幽の回互を思ふ著者にとつては、うれしい資料の一つである。

およそ何らかのことがあつて宗教的なものが吾人が心の中に動き出すそのとき、頭念を一陣の風の如くかすめるのは、觀念としての煩惱卽菩提であり、生死卽涅槃、淨土であり他界といふこれである。人は生ある限り總じていふところの生の惱みや苦しみから、自由であるといふことはできない。肯定に對する否定が人の思考に可能であるからには、現實的世界とは全く別の世界を想定することは許されてゐる。佛敎でいふ淨土、吾人にとつては幽り世、隱り世がこれである。顯に對する幽、このことに關してのわが古傳承の聖敎量は、わが古傳承の、高皇產靈尊が大己貴神に勅しての「夫汝所治顯露之事、宜是吾孫治、汝則可治神事」、これに大己貴神報へて「吾所治顯露事者、皇孫當治、吾將退治幽事」とあるがこれである。大和と出雲の神との顯幽分任のことが、こゝに定められることとなり、大己貴神は長く隱れましきと見えてゐる。幽事とはカクレタル事と訓まれ、『記傳』ではカミコトといふ訓をも與へてゐる。また伊邪那岐命がこの世の神功《カミコト》を竟へ、淡路の幽宮《カクレノミヤ》に長く隱れましたといふところから、總じて眼に見ることのできぬヨとしての幽世、幽事がそのまゝ死後の往くべき場としての意義を伴ひ來たり、さうした觀念が顯幽未分の論理をそのまゝに、これにつき十分につき詰めて考へるといふことなく、淺々に理解し、把握されてきてゐるとしてよいであらう。

幽と顯、淨土と此土との心意での關連と交渉とについては、『大無量壽經』卷下正宗分に見る次の思惟が、示唆するところ深いものがある。經にいふ、阿難起ちて衣服を整へ身を正し、西面して恭敬合掌、無量壽佛に白して言さく、

世尊願はくは彼の佛の安樂國土及び諸菩薩聲聞大衆を見たてまつらんことをと、是の語を說き已

るに卽の時、無量壽佛大光明を放ちて普く一切の諸佛の世界を照らしたまふ。

（『眞宗聖教全書』一、三經七祖部、興教書院、昭和十五）

こゝでいふ「卽の時」とは時間的な隔たりが全くない、同時にといふことこれである。無量壽佛が一切諸佛の世界を照らすや間に髪をいれず、「此會四衆一時悉見、彼見此土亦復如是」と經にある。淨土と此土とは相互に無關係に相對し存立するといふのではない。淨土と此土とは二元的乃至は異次元的に相對するものではない。此土は淨土を、淨土は此土を互に映發しあつてゐるといふことなのである。(3) 淨土を感じとるといふそのことは同時にこれ、淨土が此土を、此土が淨土を吾人が上に映し出してゐるといふことなのであり、人は淨土を感じとり、これを見ることができるといふことなのである。かうした思考關係を云ひ表はす字句が「卽の時」なのである。淨土と此土とは相互に絕對矛盾對立の關係にあるが故に、この映發といふ心的事實の上に、淨土と此土とは却つて一法界そのものをなすといつてよい。こゝに淨土と此土との一如觀が成立し、吾人はかうした一如觀を感得し把握することとなるのである。幽と顯との關係もまた斯うした論理である。幽は幽のまゝに顯に自己を映發し、顯は顯であるといふ事實の上に幽を映發する。顯は幽と相俟つて、ここに幽は顯と相俟ち、かくて吾人が內證の事實として顯である吾人が前には、幽は幽として在るといふこととなるのである。問題はかうした相互映發といふ事實を感得する心の用意が、すつきりと吾人の上にできてゐるかどうか、といふことでなければならぬ。

デカルトは、人間とは思惟するものであると規定した。我思ふ故に我ありである。ここでいふ我とは思惟されてゐる我ではなくして、意識し思惟するはたらき、そのはたらきに於てある我といふことなのである。このやうに正しくものを思惟するがためには、人はその初めからすでに現實的世界のただ中に身を置いてゐるのであり、人が現實的世界に位置づけられるためには、人は單なるものであつてはならない。人は自身を三人稱の客體とし對象として見てはならない。汝でもなければ、はたまた彼でもない、一人稱の人となるのでなければならない。三人稱を突きぬけた一人稱の人は同時にまたつねに、現實的世界のただ中に身を置いてゐるものなのである。一人稱としての存在と、この一人稱としての存在を限定する現實的世界との相互關係、人はこの兩面からの限定をうけてはじめて、思惟と存在とを同一にすることができる。顯と幽との、他界と此土との相互映發といふことは、かうした思考の論理の上に立つものなのである。「我思ふ、故に我あり」ではなくて、「我感得す、故に我あり」といふべきではあるまいかと、このやうに吾人がさきに言及することあつた所以の理はこゝにある。吾人はかうした心しらひを平常裡に體驗し、これを實たらしめてきてゐるのである。しかしながらかうした論理に特別に氣づくといふことなしに、とかく安易に過ごしがちであるといふのもまた、吾人が日常實際でもある。

茶室に客を招ずるその路、これを露地といふ。飛び石傳ひに歩みをすゝめると、途中岐れ路がある。當日使用する茶室に通ずる路ではない岐れ路には、分岐點の飛石の上に小石をそつと置いておく。關守石である。大德寺聚光院の露地では十文字に繩で縛つた關守石が置かれてゐる。かうした關守石はこれを跨いではならない。關守石の彼方は當日の茶席ではいはゞ他界、この他界をばこれを窺ふといふことは禮を失する。關守石の彼方の他界は顯としては連續してはゐても、それは全くその意味もその成り立ちをも異にする他界であり、いはゞ幽の空間なのである。「葷酒山門に入るを許さず」と、寺院では山門に向つて右側に刻銘した結界石が建つてゐる。神社では鳥居脇に社名を刻した社號標が立ち、また本殿周圍にめぐらした玉垣、それは洋建築に見る部厚い頑丈な石づくりの壁とは違つて、玉垣の內はこれ透《す》け透けに見ることができる。玉垣內の神域は、このやうに玉垣の外とは連續してをりながら、實は玉垣の外の地とは全く違つた意味あひの精神的な空間を形成してゐる。玉垣の外を俗なる空間とすれば、玉垣の內は聖なる空間であり、玉垣の外を顯なりとするならば、玉垣の內は神聖にして幽なる世界なのである。而してこの顯は幽に通じながら、しかも幽なる空間とは非連續なのである。その實、この非連續の空間の幽は顯には非連續でありながら、そのまゝに幽は顯に連續してゐるのである。藤原道長が營んだ法成寺無量壽院は「いとめでたく、極樂淨土のこの世にあらはれけるよと見えたり」と『大鏡』にある。淨土を顯に見かつ體驗することができたのである。『榮花物語』は丈六彌陀如來以下の諸佛は「無數の光明あらたにて世界あまねくあきらけし、みめう法身いろいろの相好具足し給へり、光中化佛無數億にして光明互に照しかゞやけり」(「玉の臺」)とある。こゝに人は淨土を見たてることができたのである。

三輪山を神奈備とも御室山ともよぶのは、この山に神靈こもり坐すがためである。文保二年に古記を蒐めた『三輪大明神縁起』によると、祭りのたびに三輪山中に社殿を營み、樫・柞・椿・青木・櫻の五本以て圓い輪の神籬をつくり、その中心に松・杉・榊の三靈木を立て御神體としたとある。この神籬は眼には見えぬ神靈を招き、こゝにこれを顯なるものとし、顯に坐すとしたのである。物としての山を神體といふのではない（『大神神社史料』第八巻、五來重氏「日本人にとつて〝山〟とは何か」）。顯の三輪山はそのまゝ幽を表象してゐるのである。短絡的に三輪山を神體山として尊崇するといふのとは、その考へ方を別途にする。神體山といふだけでは、つまりこれを對象性、客體性に於て見るといふことにとゞまり、一人稱としての幽を一人稱の人が感得し納受するといふこととは距りがある、とこのやうに思ふのである。

連續の非連續、非連續でありながら同時に相互に映發するものを、映發に於て識受し了得する。これが顯と幽との間隔を承認しつつ、一法界そのものと味得するといふことである。永平道元撰の『正法眼藏』「身心學道」はいふ。

昔日このところよりさり、今日はこのところよりきたる。さるとき漫天さり、きたるときは盡地きたる。これ平常心なり、平常心この屋裡に開閉す。

この言は佛家の言ながら、これをそのまゝに吾人が上に移し、以て幽と顯との相關交渉を己證し、これを實とする說示としてうけとつてよいであらう。

註

(1) 拙稿「和銅元年戊申元明天皇御製」、『國學院雜誌』九一—七、平成二・七。

(2) 〝芝さくら遺影は若く美しき〟（角川源義）、右の遺影はたゞ物としてあるのではない。遺影は言葉を發してゐるのである。吾人に語りかけてきてゐるのである。

「京を置く」、「家を置く」といふ發想は、京の、そして家そのものが語りかけてくるものを、聞きとるところがあるといふことなのである。「言靈」に對して、これを「事靈」といつたらよいであらう。

(3) 鈴木大拙博士『淨土系思想論』、法藏館、昭和一七、釘宮武雄氏「淨土系思想論」、哲學研究二八—八、昭和一八・八。「神を祈る」についての先學の研究には、武田祐吉博士『神と神を祭る者との文學』（昭和一五改訂三版）所收「萬葉集時代に於ける神人の交通」、千田憲氏「〝イノル〟の原義」（神道研究二—二昭和一六・四）がある。

矛盾と差違。　顯と幽との關係は矛盾對立 Widerspruch といふことではない。どこまでもそれは差違 Verschiedenheit である。しからば矛盾と差違とは、どのやうに違ふのか。漱石の名作『心』がある。主人公の廣田先生は友人と戀を爭ひその過程で友人は自殺したのであるが、この友人を自殺に追ひこんだ先生は自責の念に苦しみ、やがてみづからも命を絶つに至るのである。矛盾とはこの先生とその友人との關係のやうに、AはBをどこまでも排しつくさねば自己の存在は全うできない、といふさうした抜きさしならぬ關係なのである。これに對し差違といふことは、對立するAとBとの間には、對立しつゝもその底に於ては何らかの形で相通ずるものがあるといふ關係なのである。たとへば親子の關係は對立しつゝ、どこかで通じあふものをもつものである。

神佛體驗の論理學

—自己が自己となるといふこと—

私どもの居室についてである。この室には次の室との間を仕切る壁がある。この壁は次の室に屬しながら、實はこの室の內部を構成してゐる。壁は客觀的には次の室を代表し象徵するものではありながら、それはまた私の室の內なるものでもある。卽ち壁は我に對する否定の原理なのであるが、然し同時に私の室に屬するとうけとるその限りでは、その否定の原理は轉じて私の自我に對しては內在的な肯定原理ともなるのである。壁の彼方に別の新しい世界が有るといふことを知るためには、吾人の意識の作用原理として、肯定の原理が否定の原理に、否定の原理が肯定の原理に轉換するといふことがあるのでなければならぬ。壁はさうした肯定といふ契機と否定といふ契機の相互がそれぞれ自己を主張して相讓らず、舷々相摩する端的な場《トポス》であり、空間なのである。壁といふ間仕切りは肯定と否定とが同時同所に、直下《ぢきげ》に現前するさうした場《トポス》なのである。

日本建築には內部空間と外部空間とは必ずしも峻別できぬものがある。たとへば軒下。軒下は外の空間なのかそれとも內なる空間なのであるか。建築法規では一メートル以上軒を出すと、軒下は建坪の內に數へこまれる。軒下は內部ではないが、しかし、雨降れば雨やどりする場所でもある。街道で野宿するときは軒下を拜借しますといつて、その家の主人にことわりを入れねばならない。であるから、軒下は家の外でありながら同時に實は家の內なのである。家の外と內とが同時に現前するさうした場所《トポス》なのである。さうした場所、そこではさうした時間が自覺的に體驗されるさうした場なのである。かうした場所それ自體、吾人にはそれとは自覺されるといふことがなくとも、吾人の生をしてつねに lebendig な生たらしめるのである。これを生の根源性といつてもよい。かうした生の根源性に目覺めるといふこと、これが宗教的體驗なのである。この體驗では否定が肯定を超え、肯定が否定を超えるのであり、或は否定と肯定とが絕對的に相對するその端的の場に於て、相互に對立し矛盾するものが一となるのであり、さうした一なるものが人の肚皮裏に生々と體驗されるといふこととなるのである。

一、序

この章でいふところの「念佛が念佛を申すなり」とは、一遍上人隨逐の持阿が撰るところの、『播州問答集』に見る上人自身の體驗、上人自身の宗教の表白なのである。

およそ精神史も歴史であるかぎり、一般的な歴史敍述のしかたを追ふのであるが、同時にまた歴史に於ける論理的なものの解明追求といふことでもなければならぬ。しからばこの歴史的なものと論理的なものとはいかに關連してゐるのか。これ極めて困難な問題である。歴史としてみればそれはどこまでも個性的・特殊的なものの追求であり、論理として見ればそれはつねに普遍的なものを求めるのである。しかしながら一般的にいつて、普遍的なものとは、特殊的個性的なものを超越してゐると見られてゐることは世のつねであるが、およそかうしたうけとり方では歴史の中に普遍があり、論理の中に特殊があるといふことを看過することにもなりかねないのである。

およそ論理的なものは必ず否定性を有つ。否定性を含まぬ論理といふものはあり得ない。斯うした否定性に重點を置いたのがヘーゲルであり、精神は否定の原理であるといふ。たとへば日本精神といへば非日本精神的なるものを想定し、つねにこれを排除しようとする思考をその裏に隨伴してゐる。ところでヘーゲルの論理學はその始元を純有としての精神に求めようとする。精神が精神であるのはそれの實體に於てであり、實體なき精神とは具體性を缺いた抽象的精神を考へるといふことなのである。精神とはつねに實體として、限りなく自己へ還歸しようとする主體なのである。こゝにいふ主體とは主觀といふことではない。世界に於ては實體に卽しながら自己を形成し、それに於て自己を表現し、自己が他己ならぬ自己そのものとなるといふことを意味する、といふのがヘーゲルの精神についての根本的な理解である。(1) 自己が自己となるといふことはつまり、他からの借りものではない、自己そのものの論理的始原の把持と認得とである。こゝに把持し認得される論理的始元そのものとは、靜止したものではない。論理的規定としての運動はこれをいまだ始めるには至つてはゐないけれども、それはまさに運動を起さんとする、さうした動的な態勢なのである。主客未分のまゝに眞にそも自己は何ものであるかを開示し、自己を形成しようとするさうした始元的な場所なのである。

人はかうした始元的な場所に身も心もこれを置くことにより、はじめてその人の思想が尖端的な鋭敏な性格を有つといふことになるのであり、よく精神的傳統を形作り、世の人の心の全體の展開を新にする精神の歷史が、こゝに生まれることとなるのである。狂言綺語もそのまゝすぐに讃佛乘の因なのである。一遍上人の旅に行き旅に暮れる心緒に映ずる山川草木や、次々にその視線に、その心に、うかび且つ消えてゆく田畠聚落等の情景を、變轉流動の感覺を以て描き表はす圓伊筆の『一遍上人繪傳』、この繪傳では藝術が藝術だけで成立してゐるのではなく、それはそのまゝに宗教そのものとなつてゐるのである。こゝでは能觀が所觀、所觀が同時にまた能觀、こゝに、行く人のひとりひとりを彌陀のちかひにもらさじと遊行をかさね、民衆をして結定往生せしめんとした一遍の宗教的情熱が、吾人が心の底に深くも銜きさゝり、吾人が心を大きくも搖り動かす所以ともなるのである。

註

（1）　務臺理作博士『ヘーゲル研究』序論、一七頁、昭和一〇、弘文堂

二、能の神と所の神

『日本書紀』卷一の瑞珠盟約章第一の一書の

以曰、神所生三女神令レ降二於筑紫洲一、因教之曰、汝三神宜降二居道中一、奉レ助二天孫一而爲二天神一

宜下降二居道中一奉上レ助二天孫一而爲二天孫一所レ祭也。

この條「爲天孫所祭也」につき、「天孫の爲に祭られよとのたまふ」と岩波版古典文學大系本は訓んでゐる。「所祭」とあるのであるから、このやうに受動態（passiv）で訓まれることは不思議ではない。ついては乾元二年卜部兼夏自寫本乾元本書紀[1]では、この「所祭」の右傍訓は「イツカレ　伊都加禮與」、左傍訓は「イツカレヨ　ムカヘマツル　イハハレヨ」である。一般的な岩波文庫本では天孫を助け奉り、天孫の爲に「いつか」れよと訓むほかに、天孫の爲に「いつきまつ」れよといふ訓を

も併記する。こゝに「いつきまつれよ」と訓ませてゐるといふことは、神を祭る人にあつてはこの場合、神としては所動態としてあるのではなくして、能動態（aktiv）として在るとこのやうにうけとられてゐる、ともいふことになるであらう。

また同じ乾元本書紀巻二の天孫降臨章第二の一書、神籬磐境の神勅を記載する條、

　高皇産靈尊因勅曰、吾則起二樹天津神籬及天津磐境一、當爲二吾孫一奉齊矣。汝天兒屋命太玉命宜持二天津神籬一、降二於葦原中國一、亦爲二吾孫一奉齋焉。

こゝに見る「奉齋」の訓は「イハヒマツレ」「イハハレマツラム」であつて、神についてはつまり、能動態と受動態との二様に傍訓が施されてをり、新訂增補國史大系本また同樣である。西田長男博士の論攷『神道史の理念』[2]はまた、宮內廳書陵部本『日本書紀』「降於葦原中國、亦爲吾孫奉齋焉」とあるこの「齋」の右傍訓は「イハハレマツル」、左傍訓は「イハヒ」であるとこのやうに說き、また同博士は嘉祿本『古語拾遺』の神籬磐境の神勅の記載、すなはち

　吾則起樹天津神籬及天津磐境、當爲吾孫奉齋矣。

とあるこの「奉齋矣」の右傍訓は「イハヒマツラム」、左傍訓は「イハハレム」であり、さらにまたこの條「汝天兒屋命太玉命二神宜持天津神籬、降於葦原中國、亦爲吾孫奉齋焉」とあるこゝの「奉齋焉」の傍訓は、「イハヒマツレ」であるといふことを明かにしてゐる。「イハヒマツル」は人の立場からいふこと、神の立場からすれば「イハハレム」であるのがその正しい在り方であるから、つまり神

とは、能動として人の前に或は人の上に在る、といふことになるのである。玉木正英の『神代卷藻鹽草』四には、

高皇ノ尊ハ固リ天上ニ留リ給ヒ、葦原ノ中國ニハ降リ給ハス、二神ヲシテ皇孫ニ陪從シ、兩翼輔佐ノ大臣トシテ天降シ給ヒテ、磐境ノ事無ク、上文ニモ及ト記サセ給フハ幽深ノ密旨侍ルナルヘシ、心ヲ潛メ思ヲ致シテ窺ヒ給フヘシ、

と見えてゐる。すなはち兒屋命並に太玉命二柱の、天津神籬を持ちての葦原中國降下といふことについては、高皇產靈尊の上には能動を、吾孫の爲の奉齋といふプラクシスの上にあつては、天神の神意は能動であり、葦原中國の人の上にあつては受動態であるといふ認識があつた、といふことを言ひ表はしてゐるやうに思はれる。

このやうに神について能動と受動と二様の訓みが傳へられてゐるといふことは卽ち、イハヒマツル神は同時にそのまゝイハヒマツラレル神でもあるといふこと、つまり神は能（aktiv）でありつゝ同時に所（passiv）であり、所でありながらそのまゝ同時に能、能と所とは形式論理としては對立する隔別のものでありながら、形式論理を超えたプラクシスの論理にあつては、能と所とはその作用連關の根柢にあつては未分の一なるもの、その未分の一なるもののメタモルフォシスにほかならぬといふ、人間の體驗する事實がこゝに生きて、かうした訓みが與へられてきてゐるのであらう。

かうした思考、かうした作用連關の構造が、神佛信仰の論理の基礎構造にほかならぬといふことを、

以下に攷へようとするのである。

註

（1）『古代史籍集』、天理圖書館善本叢書、昭和四七、八木書店

（2）西田長男博士、『神道の研究』所收、昭和一八、雄山閣

三、兀坐の正傳

永平寺道元撰の『正法眼藏』には「坐禪箴」の一篇がある。奥書にいふ、仁治四年冬十一月越州吉峰精舍での示衆であると。坐禪の妙奥の說示としては『眼藏』の「行佛威儀」と併せ、待悟の雜禪を捨離した王三昧、純一無雜の默照をいふものとして、宗門ではとりわけ尊ばれ、むかしから眞摯に實參實究されてきてゐる。南宋明州天童寺宏智禪師正覺の撰『坐禪箴』の和韻ともいふべきこの述作が、すなはち道元の「坐禪箴」なのである。その開卷冒頭にかうある。

藥山弘道大師坐次、有レ僧問、兀々地思二量什麼一、師言、思二量箇不思量底一、僧曰、不思量底如何思量、師言非思量、大師の道かくのごとくなるを證して、兀坐を參學すべし、兀坐正傳すべし、兀坐の佛道につたはれる參究なり、兀々地の思量、ひとりにあらずといへども、藥山の道は其一なり。

坐禪とはすなはち兀坐王三昧、非思量の正傳そのものなのである。幕末から明治にかけて『眼藏』に禮拜得髓の西有穆山老師はかう說く、吾等の日夜の坐禪は直にこれ佛坐と信受しなければならぬ。そのためには「坐禪が坐禪になる迄やるぢや」、「これが分かれば我等は直に諸佛同道ぢや、ただ我等が悟るばかりでなく、このとき十方法界、三途六道の群類までがみな身心脫落して光明を增すぢや、これが坐禪の功德ぢや、然れば坐禪は決定して悟る爲の坐禪でない、坐禪の時は作佛をも圖らぬといふが古人の敎勅ぢや」と。穆山老師の『正法眼藏啓迪　坐禪箴』のいふところ、坐禪は坐禪の、不思量底は不思量底の思量の一條鐵、不思量底の一條鐵とは非思量そのもののことであるといふことは、坐禪とはつまり坐禪の內的超越そのことでなければならぬ、といふことを申してゐるのである。內的超越とは超越するものを己れの外に設定し想定し、己れとは他所にこれを求めるといふのではなく、自己の根柢そのものの驀地の究盡といふことこれなのである。「坐禪はただ坐禪になればよい、自己の正しく自己なる時が坐禪ぢや」（同上古鏡啓迪）、「自を見ず他を見ず、純一に行ふ處に行佛が直に現成する」（同上行佛威儀啓迪）のである。「正當敬禮時ちなみに施設可得の般若の現成せり、いはゆる戒定慧乃至度有情類等なり、これを無といふ、無の施設かくのごとく可得なり」（同上摩訶般若波羅蜜）、そこでこの「無住の處に安住し、不可得の可得を認取する、これ般若の敬禮ぢや」（同上）といふことになるのである。されば佛を禮すれば禮する我が直に佛、佛と自己との間には能所自他の分別はもはやない。能禮の我は凡夫で所禮の境が佛だといふのでもない。佛を禮すれば、禮する我が直にこれ佛、我と佛とは一體にして不二なのである。所はそのままにして能、他は卽自己、自己卽他己、二人稱は一人稱そのものなのである。穆山老師はいふ、「我が佛を禮するのだと思て居たら、我が直に佛であつた。南無阿彌陀とやる時、もう直に阿彌陀に成て居つた」(同上)、我が內的に自己を超越するといふそのときは、般若心經を讀誦する自己はそのまゝにして心經そのものと成り、有るはただこれ心經の聲ばかりといふことなのである。これを坐禪が坐禪とするとこのやうにいふのである。坐禪が坐禪するといふ言ひさまは奇矯に似て、實はいささかも奇矯ではない。このことは上記乾元本書紀の訓に見てきたところである。そこでは所の神は能の神であり、能の神はそのまゝにして所の神とうけとられる訓みが施されてゐた。古人は「齋」をイハヒともよみ、イハハレともよんできてゐたといふことがこれであり、「爲天孫所祭」とある條の「所」を、「イツカレヨ　ムカヘマツル　イハハレヨ」と、訓んでゐたといふ事實を、こゝに勘へあはせたいと思ふ。

かうした論理はすでに聖德太子の『勝鬘經義疏』の「攝受正法章」で、これを見ることができるのである。太子の疏は次のやうに、心と法とはもとこれ一なる所以を說き、經の文意をすなはち、

無異正法とは、能攝の心は所攝の萬行の正法に異ることを無しと明す。無異攝受正法とは、所攝の萬行の正法は能攝の心に異る無しと明す。正法卽是攝受とは、萬行の正法は卽ち是れ攝受の心なりと明す。

とこのやうに領受し、

言ふこゝろは八地以上は既に是れ法身なり、故に萬行の正法を以て心と爲し、心を以て萬行の正法となす。心と法と一體にして更に二相無し。故に言ふ、萬行の正法卽ち是れ心なり、心は卽ち萬行の正法なりと。

心と法とはかく一體にして、本來別なきものといふ現實を踏まへるそのときは、攝受の正法と正法を攝受する者《ひと》は攝受正法に異る無し、正法を攝受する者《ひと》に異る無し。正法を攝受する善男善女人は卽ち是れ攝受の正法なり。（以上、昭和會本、原漢文）

人と法とは、能攝の法と所攝の人とは相互に隔別のものでありながら、しかもその別を超えて同時に不二相卽の關係にあると、聖德太子は申してをられるのである。

法と人と相對するものが互に他を貫きぬけ、人は法となり、法は人となるのである。人は自己の奥底に實體としての自我を超えるそのとき、人も法も純なる一となり、一なるものとしてはたらくものあるべきをいふのである。そこにあつては自己は精神を超えた精神として在るといふことであり、自己の生命が直ちにそのまゝにして精神そのものとして在る、といふことになるのである。

四、機と法と

佛教にいふ佛の大悲であるが、この大悲が表象せられて淨土の願となる。阿彌陀佛の本願の心として如來の大悲を内に感知するその心、これを信心といふ。淨土教である。淨土教にあつては、如來の願心と吾人が信心とは隔別のものではないといふ。ついてはこゝに淨土眞宗の基本的文獻であり、覺如の撰とも或は善慧坊證空の撰ともいはれる『安心決定鈔』がある。この書にいふ、

念佛三昧とは、機の念を本とするにあらず、佛の大悲の衆生を攝取したまへることを念ずるなり、佛の功德も、もとより衆生のところに機法一體に成ぜるゆゑに、歸命の心のおこるといふも、はじめて歸するにあらず、機法一體に成ぜし功德が衆生の意業にうかびいづるなり。（末）

したがつて次のやうにいふことができるといふ。

信ずれば佛體にかへり、稱すれば佛體にかへるなり。（末）

すなはちわが身の存するところ、卽ち佛心そのものにほかならぬといふのである。機と法との二にあつては二卽一、一卽二、どこまでも心と境と一體、機と法とはこれを分別することはできない。佛凡もとよりこれ一といふことの自覺であり、わが身の存するところは卽ちこれ、佛心そのものにほかならないとするのである。

信心の歸依といふ。歸とは心のおちつくべきところへ向ひ行く、といふことであると辭書には見え、參考として『詩經』の周南「之子于歸、言秣其馬」を擧げてゐる（『辭源』）。「この子こゝにとつぐ、こゝにその馬を秣《まぐさか》ふ」と訓むのである。嫁《とつ》ぐとは身心のおちつくところへ向ひ行く、といふことなのである。

この『安心決定鈔』の撰者のひとりに擬せられる西山上人證空の資に聖達あり、この聖達の法兄に華臺上人がある。この聖達竝に華臺上人に隨逐給仕したのが智眞坊一遍である。この一遍は言ふ、

機も法もすべて南無阿彌陀佛の名號の巧能と知ぬれば、機に付れどもたがはず、法に付れどもたがはず、其ゆへは、機法不二の名號なれば、南無阿彌陀佛の外に能歸もなく、所歸もなき故なり。（『一遍上人語錄』巻下）

すなはちすべてが南無阿彌陀佛そのものであり、南無阿彌陀佛以外の、また以上のものではない、といふのである。南無阿彌陀佛でいつさいのすべては盡きるのである。

能歸所歸一體にして生死もと無なるすがたを、六字の南無阿彌陀佛と成就せり。（同上）

されば生死はもと無、「我が體を捨て南無阿彌陀佛と獨一となるを一心不亂といふなり、されば念々の稱名は念佛が念佛を申なり」、したがつて「唯一念佛に成を一向專念といふなり」（同上）。このやうに念佛が念佛を申すのであるとすれば、この申す念佛がまた念佛を聞く、といふことそのこととなるのでなければならぬ。一遍はそこでかういふのである。

人のよ所《そ》に念佛するをきけば、わが心に南無阿彌陀佛とうかぶを聞名といふなり、しかれば名號が名號を聞なり、名號の外に聞べきやうのあるにあらず。（同上）

すべてにつきこれを綺ふことなしに、念々不念、一向專念、わが體を捨てて、念起卽覺の道得を擧した一遍が、次の詠を法燈國師に呈したといふ

となふれば佛もわれもなかりけり　南無阿彌陀佛の聲ばかりして

しかるに國師からは南無阿彌陀佛といふ聲を聞く自己がそこになほのこるところを呵せられ、これを未徹在としてきびしい彈訶を蒙つたので、一遍はあらためて次のやうに詠み直したといふ。

となふれば佛もわれもなかりけり　南無阿彌陀佛なむあみだ佛

こゝにはじめて國師は一遍に印可の信を表したとは、『一遍上人語錄』に見るところである。一切を捨てきり捨てはてて、「捨て聖」といはれた一遍の心境の深さを窺ふ恰好の傳承ではあるが、この『語錄』に見る說話は『六條緣起』竝に『一遍上人繪詞傳』に、これを徵することができない。『一遍上人行狀』には、

すてはてゝ身はなきものとヲモヒシニ　サムサキヌレバ風ゾ身ニシム

と詠んで印可を蒙り、手巾藥籠を得たりとあるのみである。『行狀』と『語錄』との一遍の體認し道得した詠草を較べあはせ、その味得の深さを輕々に云々することは避けなければならぬが、『行狀』所載の一遍自得の歌には、風來風去にすべてをうちまかせ、風くればその冷めたさ身にしむといふところに、人の作爲や意業の潤飾を超えた、いかにもこれ、一遍その人の上の法爾自然の心の表白であるといつてよいものが、感得されるやうに思はれる。

『一遍上人語錄』は藤澤市の遊行寺の尙藏、寶暦十三年にはじめて上梓を見たもの、全篇はすべて一遍の遺文遺說の摘錄類聚に成るといふ岩波文庫本『語錄』の、藤原正氏の解題によるときは、右法

燈國師に呈したといふ「となふれば佛もわれもなかりけり　南無阿彌陀佛なむあみだ佛」には、後の世の潤飾は必ずしもなしとはしないであらうと思はれる。もとよりこの一遍の自詠は、一遍その人の心にあつては能もなければ所もないのであるから、一遍はくり返し卷き返し「南無阿彌陀佛と一度正直に歸命せし一念の後は、我も我にあらず、故に心も阿彌陀佛の御心、身の振舞も阿彌陀佛の御振舞、ことばもこれあみだ佛の御言《ことば》なれば、生きたる命も阿彌陀佛の御命なり」（『消息法語』）、「唯佛智よりはからひてあてられたる南無阿彌陀佛ばかり所詮たるべしとおもひさだめて、名號を唱へ、息たへ命終る、これ臨終正念往生といふ」（同上）と、一遍はいさゝかの綺ひもなくいふのであるから、一遍の心を領受し信受する遊行の衆の間で、「となふれば南無阿彌陀佛なむあみだ佛」といふ一遍の心は極めて自然に法爾に、隨逐衆のその間に生まれてきた傳承歌ではあるまいか、このやうに思はれる。

五、無生法忍

念佛が念佛を申す、念佛が念佛を聞くとこのやうにその心の表白をした一遍である。兀坐王三昧の坐禪はすなはち非思量底の思量、その非思量の思量にあつては作佛はあへてこれを圖るなく、坐禪はこれただ坐禪なりなのである。「心性ふたつながらなげすてきたり、玄妙ともに忘しきたり、二相不生のとき證契するなり」（『正法眼藏』「說心說性」）と道元はいふ。これを人が人たる所以、人をして人たらしめる根本的體驗とこのやうにいふならば、古來、先賢先哲、聖道求道の一轍にあるところの、かうした人たちの根本的體驗はけだし、それは思量を絶し言説を超えた非合理底の合理であり、論理を通路とする一般の思惟の論理とは、その構造を異にし、成り立ちを別にするものを有つのである。これすなはち直觀的思惟の直示であり、單傳なのである。そこでは説似することのできないものが説似され、聞くことのできぬものがこゝでは聞けるのである。宗教は宇宙の存在と行爲とに關する直接經驗であり、及び個々の直觀と感情とに於て、それ自身で成立する活動である、由來を尋ねたり結合したりすることは、宗教の關知するところではないとは、シュライエルマッヘルがその『宗教論』第二講に於ていふところである。(1)

肉の耳では聞くことのできぬものを聞く、肉の目では見ることのできぬものを見るとは、見るものと見られるものとが一になり、聞くものと聞かれるものとが一になるといふこと、念佛が念佛そのものに、坐禪が坐禪そのものとなつて、念佛なり坐禪なりをその內からこれを觀る、といふことなのである。「佛の去來、果然として佛を行ぜしむるに、佛すなはち行ぜしむ」と、『正法眼藏』の「行佛威儀」に見えてゐる。

かうして個々の事實、個々の事象のひとつひとつに心眼を開いて直觀的に捉へ、そしてさらにその奥の奥なる獨自の個性の流出してくるその源泉を認得し體認する、これを根本的體驗とよぶのである。さうした精神による精神の內的な自己認識が、こゝでいふところの佛が佛を行ぜしめるといふことこれであり、念佛が念佛を申す、或は念佛が念佛を聞くといふことなのである。心眼を以て直觀による把捉、精神の自己認識、これをベルクソンのいふ肉眼視に對する精神視 Vision de l'esprit といふ考へ方[2]をば媒介せしめることが、こゝでは妥當適切であらう。直觀とは對象の奥に、その對象を可能にしてゐる動きを、或はその魂を捉へることなのである。それは感性と理性との底にあつて、しかも感性や理性そのものを可能にするものなのである。さうした感性と理性との底にあるものを行爲的に直觀するといふそのことは、人はどこまでも人であり、人であることにとゞまりながら、しかも人そのものの上に新たな神的なものの誕生を見る、といふことでもあるであらう。念佛が念佛を申すを聞く、兀坐の坐禪そのものが坐禪するといふことを體認する正當恁麼時は、すなはち人はどこまでも謙虚な人格でありながら、同時にまた佛でもあり、神でもあるといふことになるのである。生の飛躍 (l'elan vital) である。それはまたベルクソンのいふ「愛の飛躍」(l'elan d'amour) に移るといふことこれである。そこでは、それは知的な幻覺でもなければ、感情的な恍惚でもない。みづからの意志により働くとともに、それによつてみづからが外からではなく、内から動かされるのである。人はそこでは根本的體驗とともに働くのである。人はむかしからこれを見性ともよび、見神ともいふことばでこれを表象してきてゐる。吾人はこれをベルクソンに倣つて、對象そのものになるといふことである、といつてよい。根本的體驗の論理に於てこれすなはち、みづからが眞のみづからをそこに生み出す、といふこととなるのである。不可說の可說である。因分可說がそのまゝ果分の不可說、果分の不可說がそのまゝ因分の可説と、このやうにいつてよいのである。それは形式的には全くの論理の矛盾であるかの如くに思はれるであらう。しかしその窮極の那一點に於ては世にあり、世に生かされてゐる受《パシ》動的《ーフ》な自我はこれを揚棄し、能動的《アクチーフ》な自我に轉ずることとなる、さうした意味をもつ直觀なのである。

かうした直觀とは、世の中といふ外皮を貫いて、その奥にあつて世の中を可能にしてゐる動きを、或はその皮肉を去つてその魂にまで逼まり、その骨髓を把捉するといふことなのである。内的な自我そのものに還歸するといふこと、本來的な自我そのものになるといふこと、これである。直觀とは、どこまでも精神による精神の自覺 Vision de l'esprit にまで、媒介せしめるところの契機なのである。されば『眼藏』の「說心說性」にいふ、

佛祖の道取する心は皮肉骨髓なり、佛祖の保任せる性は竹篦拄杖なり、佛祖の契證する玄は露柱燈籠なり、佛祖の擧拈する妙は知見解會なり。

かうした自己の外に對象的に把捉せられたるところの、佛祖の道取契證を貫通するはたらきや、果分の不可説なるものとは、構造やそのなりたちを異にするところの、因分可説の論理をば構築する世界そのものなのである。さればそこで、

佛祖の眞實に佛祖なるは、はじめよりこの心性を聽取し、說取し、證取するなり。この玄妙を保任取し、參學取するなり、かくのごとくなるを學佛祖の兒孫といふ、しかのごとくにあらざれば學道にあらず。（「說心說性」）

かうした果分不可說の根本的體驗、思慮を絕し言詮を超えた非合理的な直示を證取し保任取することなき學道に、いたづらに拘泥し沈淪するそのときは、「得道のとき得道せず、不得道のとき不得道ならざるなり」、すなはち「得不の時節ともに蹉過するなり」（同上）と道元はいましめるのである。根本的體驗としてのロゴスは、ロゴスをして內面から鳴り響かしめてゐるものを聞取するそのときに始めて、果分不可說の根本的體驗に現實が與へられ、因分の把捉が可能となり、不可說が可說としてその表詮と傳達とができる、といふことになるのであり、かくてはじめて人は眞の意味の人としてあり得る、といふことになるのである。心性を聽取し聞取し、說取し證取する內的直觀のさうした端的の時節にあつては、不可說はそのまゝ可說なのである。

たとへばこゝに壯大な戲曲的構想をもつ『維摩經』がある。その「入不二法門品」は不二法門について三十一人の菩薩が次々と自己の見るところ、思ふところを述べるそのいや果てには文珠菩薩は、不二法門はこれ言說し難き所以を述べて維摩にこれを尋ねる。しかし維摩は默然として、一語をも發することはなかつたといふ。文珠はこれこそ眞の不二法門なりと讃嘆する。入不二法門はもとより不待言說、不礙言說、しかし默して言無きまゝであるならば、これまた一つの有といはねばならぬ。かくては空に在りて空に失せず、空に在りて萬化を成すといふことはできない。有卽空、空卽有、有と空とに偏することなく等しく不二なるを眞の空となすとは、すでに上宮太子の撰と傳へる『維摩經義疏』の「入不二法門品」で、その上宮太子の疏はかういふ、二乘の觀は心空と有とに存し、故に有を捨して空を證す、但自度を求めて化他に在らず、是の故に空を觀ずと名づくと雖も、更に相の觀を成す也、菩薩の觀は有に在れども空を失せず、空に在りて萬化を成す。空卽有、有卽空なり、有と無とに偏せず等しく會して不二なり、故に眞の空觀と爲す。（昭和會本原漢文）

この太子の疏は『維摩經』の「入不二法門品」の說くところを承けるもの、經にいふ、

維摩詰默然として言無し、文珠師利歎じて曰く、善い哉善いかな、乃至文字語言有ること無し、是れ眞に不二法門に入るなり、是の入不二法門を說く時、此の衆中に於て五千の菩薩皆不二法門に入り、無生法忍を得たり。（原漢文）

と。こゝにいふ無生法忍とは、思惟が自己の力を知つて默して語らないそのとき、そこに忽然としてその思惟の底に現前し直視され、直感せられてくるところのもののこと、これを根本的體驗とよぶ。それはどこまでも直接的であり、しかも不可說なもの、論理の思惟がもたらすものではないが、さりながら論理を離れたものではないのである。直接的なものは總じて媒介を否定するのであるが、しかしこの媒介はつねに時の經歷の裡に在りながら、しかもいつもその直接的なるものを媒介してゐるのである。こゝに直接的なものを媒介するといふその論理は、吾人が日常世界の形式論理に卽しつゝも、形式論理をば超え、形式論理とはその構造を、またその質をも異にするところの太子の義疏のいふ菩薩不二觀の行なのである。それは、どこまでも主體に卽しての主體的論理なのである。丙丁童子の據

つて以て立つ論理ではない。それを己れの外にとり出し、これを客體化し對象化して、恰もこれを存在してゐる物であるかのやうにこれを見るのではない。併しそれは、單なる私としての私ではなく、眞の意味で私の自性をして自性たらしめるところの、さうしたものなのである。かうした甲氏の根本的體驗は乙や丙の上にあつてはこれを形式的に安易にうけとり、甲の體驗を乙や丙のそれと引き換へたりすることはできない。かうした甲の根本的體驗は乙や丙の體驗とは性格も味あひも、さらにはその深さに於てもこれを異にするものをもちながら、しかもさうした根本的體驗にダイレクトに接したそのとき、そこに乙や丙は甲と相互に相通じあふものあるを、覺えるといふこととなるのである。かくて乙や丙は甲その人を包むところの人倫的世界と言葉を通はせ、通じあふ心をもつことができるやうになるのである。甲がその人としての完成は同時に、乙や丙も人として自己を完成し、人として生まれるといふ契機をこゝに捉む、といふことになるのである。

註

（1） シュライエルマッヘル『宗教論』第二講「宗教の本質について」、佐野勝也・石井次郎譯、岩波文庫、八七頁

（2） 本書所収「精神史研究法の反省」

六、内侍所の苔になりて

三種神器については、八坂瓊曲玉を以て御鏡や御劔と等しなみに考ふべきではない、と正親町公通の『口訣』に見えてゐる。神器については御鏡を第一に考ふべきではなくして、曲玉が神器の中核であるとするのである。「三種神器の傳は畢竟玉一つにつゞまる事なり」、されば跡部良賢の『三種神器極祕傳』は公通の説を承けて、「三種一つにつゞまる、玉につゞまる也」と言ひきつてゐるのである。

およそこのやうに三種の神器を擧ぐるに、『日本書紀』の天孫降臨章第一の一書には、神器は玉につゞまるといふところからであらう、そこで意圖的に「玉及鏡」とする特別の記載をもち、鏡の上に「及」といふ文字をことさらに插入する。詞章の上で「及」の字を以て上下兩語を結ぶのは、上下が互に同等同格であるのではなくして、上が主、下が從、といふ關係にあるといふことなのである。(1)

鎭魂祭につき『令義解』は離遊の運魂を招き、身體の中府に鎭めるなりとあるやうに、人の本質をなすタマがその躬を離れるそのときは、人は活性を喪ふのである。ムスヒの神につき「魂神」といふ特殊な表記があるといふことが、端的にこのことを語つてゐる。皇祖神の靈魂を直截に表象するのが瓊玉であるが故に、瓊玉は天皇の聖躬と常に一體にして不二不離なのである。神器のうち御鏡は伊勢に、御劔は熱田に祀られるやうになつても、神璽の瓊玉は聖躬から離れることなく、壽永のむかし安徳天皇と共に西海に浮かばれたのであり、元弘の騒亂にあたつても瓊筥は、後醍醐天皇と遠く隱岐にまで旅宿をかさねられたのである。そこで山鹿素行の『中朝事實』は「神器章」を建て、書紀が玉と鏡劔を區別して「玉及鏡劔」と記述するそのところに留意して、天下治平の要諦は御統《みすまる》の玉の象徴するところに存し、これ卽ち天子の任とするところ、されば玉を以て神寶の第一に位置づけるべきものであると、このやうに解釋したのである。而して天子を守護しまつるは寶劔の德にして臣下の任、されば君の御心がいかにあらむも守護の道はこれを盡すべく、かうした理解に發するが書紀の「玉及鏡劔」といふ記載の本義にほかならぬ、といふのである。神器の在るところこれ正統、「神器と正統と善く見ざれば二本になるなり」、神器と正統といふ概念はこれを別々に見たてるときは、神器の本義を謬ることになる、「神器は正統の天子の禪受する所なれば、君臣上下死を以て固守すべきこと、其義昭々なり」と論じたのが、松陰の『講孟餘話』である。神器觀が己心の上に立つか立たぬかといふことは、瓊玉と聖躬の二が相互に融卽して一といふ信條、かうした信條が己心に知的ではなく行爲的な直觀の信條として涵はれ、かうした信條の發するそのところがその論の根基となるのである。このことは玉木正英の『神學大意』に鮮明に見ることができる。曰く、

トカク日本ニ生レタカラハ、善惡ノ別ナシニ朝家ヲ守護シテヲホヒ守ルト言コトヲ立カビヤリ、以テ朝家ノ埋草トモナリ、神ニナリタラバ、內侍所ノ石ノ苔ニナリトモナリテ、守護ノ神ノ末座ニ加ハルヤウニト言フコトガ、コノ法ノ傳ノ至極也、

といふところが端的直截に、天皇の聖躬、勾玉の本義についての正英その人の自證となり、丙丁子には皮相的形式的には付託することのできぬ、自己己心の根源に自得するところ、その根本的體驗となつてゐるといふことを知るのである。根本的體驗とこゝに言ふのは、人が自己の根源をそこに見出す erfinden といふことこれであり、自己の存在の根源が現實世界のはたらきのうちに、顯はに自得されるやうな存在のしかたとなる、或いはしかたとしてあるそのことである。そこにあつては、自己が自己の Dasein を超えて眞の自覺を把持認得し、眞に生きるといふことは何であるかといふ、さうした自證存在 Wachsein そのものになる、といふことにほかならないのである。

されぱこのことを徹底したのが跡部良顯の『三種神器極祕傳』であつて、次のやうに言ふのである。

上有レ道則三種靈德在二玉體一、上無レ道則三種靈德在二於神器一焉、雖レ爲二無道之君一傳二賜神器一卽是有德君也、此神器與二玉體一合一、無二分別一故也、

是は上道あれば三種神器と玉體一致也、有道の君に非といへども、此神器を備をけば、此神德を以日本國を治め玉ふ事也。是によりて有道の君も同じことになる也。

打てば火花を發するやうなこの認得こそは良顯はいふのである、「これ祕傳至極也」と。神器の三種は畢竟玉ひとつに極まるといふところから發するところの、きびしいまでの反省であり直觀であり、自證し自得するところなのである。それといふのも瓊玉は天照大神の御心そのものを、直截な形に象徵したるものであるといふ、道の絕對至極の發言にほかならない。松岡雄淵の『神道學則日本魂』に

かういふ、

只明けても暮れても、君は千世にませ千代にませと祝し奉るより外、我國に生れし人の魂はなき筈なり、吾常に此道に志す人に、只此の日本魂を失ひ玉ふなと、ひたすらに教るは此の故なり、

「日本魂」につきこのやうに直截明確に示すことのあつたは、わが思想史上雄淵を措いてはいまだ他にこれを求めることはできない。かうした精神 Geisteserhaltung は高く精神的であると同時に、また吾人が理性や思惟の立場を超えて、しかも吾人が生命《いのち》を生《なま》のまゝに内面から吾人を包みこみ、これを貫き徹すが如き神祕性と生命性との統一を、こゝに見るのである。かうした經驗、かうした體驗の、機微を文字化して概念化を爲し難き所以を、以上これまで、本篇は根本的體驗といふ言辭を借りて表象してきたのである。ついてはシュライエルマッヘルの『宗教論』に見る次の言は、筆者の心意の恰好なコメントとしてあるやに思はれる[2]。

いづれの聖典も宗教の靈廟に過ぎず、偉大な精神が曾てはそこに存在したが、今はもはやそこに存在しないところの紀《(マヽ)》念碑に過ぎない。もしその偉大な精神がなほ生きて働いてゐるとすれば、自己の弱い模寫に過ぎない死んだ文字に、どうしてそれほど大きな價値を置くのだらうか。

彼が宗教者として人に訴へんとしたその核心、その眼睛は、右にひきつゞいての次の言辭に見ることができる。

聖典を信ずる者が宗教を有つてゐるのではなくて、何等の聖典をも必要とせず、自らこれを造る

ことのできる人が宗教を有つてゐる。すなはちみづからが、一つの聖典を己心の根源に作りあげるといふそのことが、吾人のいふ根本的體驗なのである。

されば根本的體驗とは、判斷や推論ではなくして、どこまでも自覺における直觀なのである。反省なのである。それは知的なものがさきにある有つて、それにのちから直觀が付け加はる、といふやうなものではない。自己自身を觀、さらに自己直觀に於てより高きもの、より深きものを自己存在の本質乃至は本源とこれを觀るといふことこれなのである。いふなればつねに能《アクチーフ》に立ち、所《パーシフ》とはなるなき直觀智そのことをば、私は考へてゐるのである。直觀智とは直感知ではない。直觀智と直感知とでは、その意味構造の連關をば全く異にする。直感知にあつてはそこで把捉せられたものは、世に知識といふ言葉があるやうに、自己の心よりするところの對象的なものについての、感性による認識のことである。『孟子』に「聞而知之」（盡心下）とあるがそれである。此の段周の文王より孔子に至るまで五百有餘歳、太公望や文王の賢臣といはれる散宜生などは親しく文王その人に接し、文王の道とするところの心を知つたといふのであるが、孔子は文王より時代を經てゐるが故に、文王の道とするところはただこれを聞き、その心とするところを知るを得たにとゞまるといふ。文王の道を知識として保任してゐたといふのである。ついては「知」に對する「智」とは、積みかさねの知ではなくして、己心に於てこれを磨き出した知のことをいふのである。孔子は彼の心を切磋し琢磨して直觀智をもつた人である、と言はんとしてゐるのが「聞而知之」といふ文辭なのである。されば孟子は、孔子がこゝにいふところのこの直觀智をもて、文王の心とするところを心とすることができた、とこのやうに言はんとしてゐるのである。されば同じ『孟子』に「是非之心、智之端也」（公孫丑上）とある所以であつて、是非の心とは己心に磨き出された直觀智にほかならない。その直觀智にあつては、存在と思惟とは、それこそ隔別のものとして在るものではなくして、つねに表も裏も一つになつて自己自身そのものなのである。そこにあつては念佛が念佛を申すものであり、心の奥底では念佛が念佛を聞いてゐるのである。坐禪が兀坐の坐禪に徹してゐるのである。これ卽ち認識論一般や、他からの借りものの思想により理解されるやうなものではなくして、純粹感情それ自身が心の奥底からこみあげてくるものの現前に於てのみ、これを把持認得し、道得することができるものなのである。シュライエルマッヘルがその『宗教論』の第二講にいふやうに、それは他のものに關連することも、或はまた依存するものでもなく、それ自身に於て成立するはたらきなのである。その由來を尋ねたり、またそれは結びつけたりすることは、この純粹感情の關知するところではないのである。[3] 熊澤伯繼が『集議外書』で、

學は儒をも學び佛をも學び、理ゆたかに心廣くなりて、かりかされざるの吾神道を立つべき也。

といふこの借りも能はず貸すも能はぬ絶對的のものとは、言ひ得てしかも妙、吾人が實踐を裏づけ、吾人が行爲にまで媒介せしめるところのものなのである。伯繼はこれを神道とよんだ。いふまでもない、こゝにいふ神道とは、儒佛に對するところの神道ではない。吾人が人として立つを可能ならしめ

るところの根源的體驗そのものであり、知情意をそれぞれを相對せしめる情をば超えた純粋感情、純粋統覺とでもこれをよぶべく、歷史の根源生命そのもののことなのである。

吾人は吾人の先賢先聖の味得し體得したものとして、それがその內から促して外への實踐や行爲にまで强く媒介せしめたものがあつた、といふことを知つてゐる。たとへば宏覺禪師の『先賢先聖聖道一轍義』にいふ、

まなひていまたいたらさるを賢人といひ、すてにいたれるを聖人となつく、いたるといたらさると淺深ことなりといへとも、道理一致なり、かるかゆへに聖道一轍といふ。（國民精神文化研究所刊昭和十五再版）

道理一致とは歷史の根源的生命の直觀智である。そこでは自己の生命《いのち》がそのまゝ直に絕對的なものに與かつてゐるといふこと、神の精神に直接してゐるといふことである。內から歷史的生命の促すところのものを、內に包みこみ、正氣をこゝに得て潑地にはたらかしめてやまぬところの高次の理性への飛躍 e'lan に生きる、といふことである。ベルクソンのいふ生の飛躍から愛への飛躍 e'lan d'amour に移るといふことである。そこでは能所は不二の全的生命そのものとして在るといふことであり、人みづからがすでに神なのであり、念佛が念佛そのものであり、坐禪が坐禪それ自體であるといふことなのである。中江藤樹はいふ、

本來わが身は太虛神明の分身、變化ゆへに、太虛神明の本躰をあきらかにして、うしなはざるを身をたつると言也、太虛神明のほんたいをあきらめたてたる身をもつて、人倫にまじはり、萬事

に應ずるを道をおこなふといふ。（『翁問答』上巻之本）

また『松下村塾記』にいふ、

昔時忿惋不平の氣流れて川と爲り、峙ちて山となり、發しては則ち人物となり、以て所謂一勝區を成すは固より其の常のみ。苟くも奇傑非常の人を起し、奮發震動、乾を轉じ坤を撼かし、以て邦家の體美を成すに非ざるよりんば、將に何を以て山川の氣を一變し、其の忿惋を平ぐるに足らんや。

時勢は逼迫して激越にもすぐる松陰のこの言辭は、一轍の聖道をもて一徹し一貫する宏覺禪師の心と思ひ合はせ、松陰の說示は松陰その人の己身が、賓主未だ分れず、能所を絕し、潤飾のいささかもこれ無き生《なま》の歷史的生命性の充溢となつてゐる、といつてよい。かうした生《なま》の生命性、これを松陰は浩然の氣といつた。もとよりこの浩然の氣は『孟子』の公孫丑上篇に見るところ、公孫丑は孟子に問ふのである。何を以てか浩然の氣といふと。孟子これに答へていふ、一言以て言ひ難し、されどその氣たるや至大至剛、直以て養つて害するなくば則ち天地の間に塞《ふさ》がると。松陰はこの浩然の氣を「學者に於て最切實なること」であるといひ、次のやうに門弟に說く、

浩然の氣は本是天地間に充塞する所にして、人の得て氣とする所也、故に人能く私心を除く時は至大にして、天地と同一體になるなり。（『講孟餘話』第十場）

と。この氣もとより人の血氣や客氣にはあらず、本心より靄然として湧出するを見る法爾自然そのも

のの氣である。松下村塾にこの氣培はれるや、欝然靄然發して人物となり、煥乎としてこれ一勝區をなすに至ると反省され、自覺され直觀されてくるそのとき、「將に何を以てか山川の氣を一變し、其の忿惋を平ぐるに足らんや」といふ一念が士氣を啓培し、そこから發するものが惻々と肚裏を促すもののあるを覺えしめるに至るのであつた。松陰その人の上にかうして理性と宗教性との渾然一體一元、不可分なる生命性――精神を超えた精神――が生々潑地に生きるものあるを思ふのである。そこでは自己の生命がそのまま直ちに、神の精神の究竟に與つてゐるのである。

かうした究竟はさきに見た「朝家ノ埋草トモナリ、神ニナリタラバ內侍所ノ石ノ苔ニナリトモナリテ」云々の境にも相通ずるのであり、轉じては念佛が念佛を申す、坐禪が兀坐王三昧の坐禪そのものであるといふ自督ともなるのである。かうした論理の成り立ち、その構造を以上のやうに攷へ、以て本章を〝神佛體驗の論理學〟と題した所以である。

註

(1) 拙攷「三種神器」、國學院大學日本文化研究所編・刊『神道要語集　祭祀篇三』所收、昭和六二

(2) シュライエルマッヘル『宗教論』第二講「宗教の本質について」、岩波文庫、一〇四頁

(3) 同上、五五頁

精神史の哲學

村田珠光が東山殿から譲られた〝白鷺の繪〟は、これを拜せずば茶人にあらずと讚へられ、拜見するにあたり織部や遠州、石州といふ名だたる茶人は、いづれも長袴を着し威儀を正すが禮であつたといふ。根津美術館が收藏する〝松屋肩衝〟には、紹鷗・利休・織部・遠州のそれぞれが、この茶入れのためにそれぞれ鄭重に心を入れて仕服を作らせ、これを別して愛重してゐた。

〝白鷺の繪〟が、そして〝松屋肩衝〟そのものが、これを享受するものの心の上にはたらきかける何かがあつてのことである。茶人の茶器に對するかうした心入れは、それが美であるからといふだけにとゞまらず、茶器がもつ超越的なイデー的なものに對する感動があつてのことである。感動とはさうした超越的イデー的なものが、茶人の心をうつたといふことだけではなく、かうした茶器を心をつくした珍重をかさねてきた先人のその思ひが、茶人によびかけるものがあつてのこと、茶人のかうした茶器によせる心入れは、つまりさうしたよびかけに對する應答なのである。

〝歷史〟とは吾人に對して、吾人の外にひとり存在するものたるにとゞまらず、吾人にむかつてたえずよびかけてくるものなのである。このよびかけに至心の聞信をかさねるといふこと、このことがすなはち存在としての歷史をば、精神史にまで深める契機となるにほかならぬと、このやうに思ふのである。

一、隨流去と而今

アウグスチヌスには、名高い次のやうな告白がある。

時間とは何であるか、たれも私に問ふことがなければ、私はそれを知つてゐる。しかしもし、たれか私に問ひかけてきたものに、これを說明しようとすると、私はそれを知らないのである。

(Confessiones XI)

かういふことなのである。そも時間《とき》とは何かと問はれて、あれこれとその説明をこゝろみたところで、的確にこれを説くといふことはできない。所詮は時間《とき》は時間《とき》であるといふ、それこそ意味のない結論になつてしまふだけなのである。これといふのも畢竟時間《とき》といふものをば、對象的に自己の外に措定してこれを捉まうとするがためのことなのであつて、時間《とき》とは自己の外にあつて計測することのできる物理的な時であるといふことのほかに、自己の心うちにあつて、自己が主體的に生きようとするその端的のところに、實はあるものなのである。たとへばかういふことが、かうした理解に恰好の事實として擧げられるであらう。

天正十年の六月朔日の本能寺の變である。京からは遠い備中高松に滞陣中の羽柴秀吉のその耳に、たれもが豫想だにしなかつたこの突發的な異變のしらせが届いたのは、六月三日の深夜であり、かぞへ方によつてはこれを四日早朝漆黒の夜半であつたといふこともできる。このときの秀吉、前面に毛利の大軍が陣を張り高松城の救援に駈けつけてゐる。京には意氣揚る明智あり、織田方の武將は北陸に上州にいづれも敵方と對峙のさなか、途惑ふのみであつた。およそ強しと思へば途端に慴伏し、弱しとみれば忽ちにして牙をむいて襲ひかゝつてくるは戰國のつね、秀吉は進退こゝに全く窮したのである。それこそ息をもつくことをゆるされぬ、文字通り計測を絶した重みと厚みとをもつた壁のやうな時間《とき》に直面し、とりかこまれることとなつたのである。この苦境はほかの誰かに頼みこんでこれを肩替りしてもらふといふことはできぬ。秀吉は秀吉ひとりでこれに立ち向はねばならぬ。さうした時《と》間《き》の上に身を置いてゐるのだといふ實感に、ひたひたと押しつぶされんばかりであつたのである。

敵方の上にも身方の上にも、物理的な時間は等質等流するのであるが、このときの秀吉は好むと好まざるとにかゝはらず、己のすべてを食ひつくし呑みほさずばやまぬ、運命的な時間といふものにまさに衝きあたつてゐるといふことを、思ひしらされたのである。こゝに知る、人の上には物理的な自然時間のほかに、これとは性質も構造も全くこれを異にするところの計測できぬ時間といふものが、あるといふことを。

古代ギリシアにはホメロスと竝び、敍事詩の祖といはれるヘシオドスがある。このヘシオドスには「五つの時代」を語るミュトースがある。黄金の時代から銀の時代へ、そして銀の時代につゞいて第三の銅の時代へと推移する人の世ではあるが、最も遲れてくる第五の鐵の時代と第三の銅の時代との間に挾まれて、第四に英雄の時代といふ存在を擧げるのである。この英雄の時代とは、人はそこに置かれた幾多の困難にもかゝはらず、正を求めていさゝかも屈するなく、生くべきみちを探究する、さうした意志や勇氣をもちあはせてゐるといふことを下敷きとする、敍事詩の物語りである。テーバイで戰つたりトロイアに遠征したり、正義を求めて勞を人は厭はないのである。そして勝つべきものは勝つのであり、不運なるものには光が與へられる。これが英雄の時代なのである。

人は苦もなければ惱みもなく、あらゆる過失や災禍から自由なる黄金の時代から始まつて、いや果ての鐵の時代では人は勞苦を背負ひ、主と客とは離背し、父と子は互に爭ふ不正と暴力の時代であるといふ。ヘシオドスのいふかうした五つの時代區分は、今は昔と隔絶して今には昔の實はないのだ、といふことの反省と直觀となのである。

つまりこの鐵の時代の直前に英雄の時代といふものを措定してゐるといふこと、そのことは、時の流れにおし流されるなき不屈の意志や不撓の勇氣をみづからに思ひ、みづからに覺すべき時といふものが、およそ人の上にはあるのであり、またあるべきであるといふことを、言はんとしてゐるのであらう。そこで人は今といふ時間《とき》の直觀とその把握を缺いたそのきには、幾十年幾百年の昔の出來ごとも、今日只今とは全く區別を見出すことのできない、さながらたゞノッペラボウな、モノトナスの流れとなり、昔一般ともいふべきたゞ一つだけの時間《とき》をもつ、といふことになつてしまふことであらう。けだし今を銅の時代と鐵の時代との間の英雄の時代があると、このやうに自覺し直觀するそのとき、そのところに、はじめて新しい發見、新しい體認として「今」といふ時がある、といふことなのである。

ところでこの新しい今といふ體認や體驗は、今日只今に身も心も置いて、「今だ」「このときにこそ」とみづからの胸に語りかけ、みづからの心に言ひ聞かすその端的その場に於て、人は思ひもかけぬ新しい未來といふものが、眼前に開示されてくるのを見るのである。草も木も眠るといふ天正十年の六月三日の夜もおそく、四日早朝といつてもよいその漆黑深夜の時刻、思ひもかけぬ本能寺の變を承知したそのときの秀吉にあつては、その身にふりかゝつてきた時の重さと厚さとは、言語を絶するものがあり、物理學でいふ等質等流の時間が秀吉の上に流れてゐたのでは、けつしてなかつた筈である。それは秀吉だけが持つこととなつた特別の時間であつたのである。かうした時間に直面したそのときの秀吉の處理と思案、その行動、こゝに秀吉その人の全機現成を見る、さうした時なのである。このとき秀吉にはそれと自覺するといふことがなかつたかもしれないが、そのまゝ天下人としての道がおのづと通ぜしめられるものがあつたのである。「時間《とき》」といふもののもつ不思議さが、こゝに遺憾なく開示されてきたと言つてもよい。

六月四日毛利方と急遽和を結んだ秀吉は、その夕刻から撤退を始める。毛利の大軍は心してよく相手の條件を守るか否か、大きな賭である。京の動きはもとより端倪すべからざるものがある。かくては寸刻の猶豫あるべくもない。姫路めざして早駈けに駈けぬくこのときの秀吉に、きびしくものしかゝつてきた時間の重さと厚さとは、時計の計測することのできる等質等流の時間ではない。危惧の念は不安の情とつきまぜになつて、胸中はげしく奔流し、激湍は川底の石をも逆さまに卷きあげるものがあつたに違ひない。秀吉は好むと好まざると、千載にも一遇することのできぬきびしい時間のうちに、身を投じてゐたのである。懸崖にあへて手を撤しても悔ゆるなき人の上の時間といふものは、激するときは巖をも嚙み碎き奔流ともなるのである。

二、思量　不思量　非思量

『教行信證』の化身土巻には親鸞みづからの領解するところの三願轉入の表白がある。親鸞が自身の信念の歴程のあとを、いささかの蘊藏も修飾潤色もなく記して、

愚禿釋の親鸞、論主の解義を仰ぎ、宗師の勸化に依りて、久しく萬行諸善の假門を出て、永く雙樹林下の往生を離れ、善本德本の眞門に廻入して、偏に難思往生の心を發しき。(原漢文)

と、その心のうごきを直截に吐露し、しかもたゞちにいささかも、筆を休ませるなく、

然るに今特に方便の眞門を出でて選擇の願海に轉入し、速やかに難思往生の心を離れて、難思議の往生を遂げんと欲す。

といひ、「果遂の誓、良に由有るかな」と結ぶ悲痛なうちにも緊張した氣魄あふれる詞章は、宗門では別して尊び三願轉入の表白といふ。親鸞はかつて世親の『淨土論』の解義、さらにはまた善導の勸化を蒙り、萬行の諸善を以てよしと領受し、以てわが行信の道となしてきたこともあつたのであるが、この教誨から離れ、また以前は善本德本の名號を以て己れの善根とするといふ解義を篤信し、それに隨從するの心を發したこともあつたのである。今や斯うした心の一切を超脱遠離し、彌陀本願の名號を眞信し領得するそのことを措いて、他にわが方途《みち》なしとするさうした自覺をもち、こゝに自らの據

るべき信ありとするに至つたのである。このことはこれ難思往生を超えた難思議の往生そのもの、彌陀からの回向にほかならぬと目醒めたそのことであり、時と所と位により渝るといふなく、回向の光に浴しつゞけてゐるのだといふ法悦をば、そのとき乏しき己れながらに己れの心に證することができた、といふのである。このことが、この三願轉入の表白にひきつゞいての、親鸞その人の仰信の自督として「爰に久しく願海に入りて、深く佛恩を知れり」と、彌陀の願海に浴することの、遠いむかしからの渝ることなき事實であるといふことを、よろこび體認することができ、自證することを得たのである。「いよいよこれを喜愛し、特にこれを頂戴するなり」とこのやうにいつて、この表白を結ぶ所以となるのである。而して親鸞がこのことをこの表白の上で「然るに今特に」云々と特記する、その「今」についてこれを惟ふに、親鸞がこゝにいふ「今」とはほかならぬ、特定できるある時期のことをいつてゐるのではなくして、彌陀の必至滅度の願を行信するその時その場での現實の心であり、彌陀回向の念佛を念ずるそのたびごとの「今」でなければならぬ。定散心の離れがたきを自覺し、悲嘆せしめられるそのつど、願力回向の信を感得せしめられるといふことなのである。これがこの表白でいふところの「今特に」でなければならぬ。

永平寺道元の言がある。『正法眼藏山水經』にいふところである。

常運歩の示衆を究辦すべし、運歩のゆゑに常なり、青山の運歩は其疾如風よりも速かなれども、

山中人は不覺不知なり。

山水の運歩はその疾きこと風よりも速やかなのであるが、人はこれにつきそれと知るなしといふのである。運歩を運歩と如實にこれを知ることのできるのは、「今」といふ端的現前の時を措いては他にはない。經歴する寸刻も停止するなき時といふものは、その「今」に於てのみ、運歩の實をばこれ運歩なりと自證し己證することができるのである。この「今」に膚接することのできぬそのときは、太古のむかしさながらに山水は經歴をかさねるのみ。停止する山水をそれと眼前にするといふことは、期待すべくもまたあり得べくもない。

道元は祇管打座といふ。思量する人の打座とは不思量を期するものではない。非思量に徹することこれなのである。佛量にあらず、法量にもあらず、また會量にもあらず、「不思量底を思量するには、かならず、非思量をもちゐるなり」（『正法眼藏 坐禪箴』）。この非思量の思量を直下《ぢきげ》に承當するそのとき、そのことが、すなはち身心の脱落であり、脱落の身心なのである。親鸞が『歎異鈔』に於て、「念佛は行者のために非行非善なり」といふことあるに、限りなくも近い體驗でありその言ひ方である。このことを道元は「萬法すゝみて自己を修證する」といひ、「自己をはこびて萬法を修證するを迷とす」（『正法眼藏 現成公案』）といふのである。

ついてはこゝに至り道元のいふ「萬法すゝみて自己を修證する」といふそのことにつき、さらに推考の思案をめぐらすのが順路であらう。

三、兀坐の正傳

およそ時間といふものは、どこまでも人間の思考の上で、人間の考へ出したものなのであつて、悠久の自然界にあつては時間といふものはもとより存在しない。時間とはどこまでも人間にあつてのものなのである。而して物理的に計測できる等質等流の時間といふものの上に吾人があるといふことは、一般的に承認される事實であり、考へ方なのである。人の上に流れる時間はいかなる構造をもつかと問うても、容易にはその的確な答へを期待することができぬと同じやうに、時間といふ流れの上に理解され構想される歴史とは何か、といふ設問をうけても、これに十分な説明を與へるといふこともまたむつかしい。一般にいはれてゐることは、「歴」とはつたへること、つたはつてきてゐるそのことであり、總じて歴史とは人の世界で生死を見た事象や、經歴し來たれる事がらについての知識であり、またさうした知識についての記述をば、一般には歴史といつてきたのである。三木清の『歴史哲學』(初版昭和七年)は前者を存在としての歴史、後者をロゴスとしての歴史とこれをよび、人は歴史がかくの如く二重の意味をもつことに相應して、それぞれ我々は歴史を經驗するといひ、また歴史を記述するともいつてきたといふのである。歴史といふ辭はかうした二つの意味をもち、歴史のもつかうした二つの意味が互にあざなひあはされて、吾人が意識のうちにあるのである。しかしながら吾人はこれとは別の歴史といふものを、もちあはせてゐるやうに思はれる。史的關心 historische Interesse といふものがそれである。

珠光の遺品に宋の徐熙の畫いたといふ〃白鷺の繪〃がある。もとこれ雙幅對であつたといはれ、東山殿足利義政から譲られてことのほか愛重した。翠の藻の浮かぶ池に二羽の白鷺が立つ極彩色、珠光はその美しさの故にことさらに地味な表装にしたて直したといふ。この繪を見ざるは茶人にあらずといはれ、古田織部やその門人小堀遠州、さらには片桐石州といふ世に許された名の高い茶人は、これを拜見するに長袴を着用して威儀を正すを忘れず、禮を厚うするがしきたりであつたといふ。根津美術館に收藏する茶入れ、銘は〃松屋肩衝〃は、紹鷗・利休・織部に遠州といふ稀代の茶人が、それぞれ作らせた仕服をもつてゐる。この肩衝がかうした名品であるが故にであること言ふまでもないとして、この肩衝にあはせて仕服をつくらしめた先人の心を敬し、これをなつかしむといふ感情・感覺がひとつの衝迫となつて、紹鷗以下の茶人の心の上にはたらくものがあつたからであると見ねばならぬ。それぞれが心のうちにそれぞれの意匠を考へ、經緯をもつて仕服を作らざるを得ざるやうな、それぞれの茶人をその内面からそれこそ衝き動かすところの何ものかがそこにあつたと、見てとらねばならぬ。吾人がいふところの史的關心とは、かうした心意なのである。

水戸徳川家には茶入れの逸物〃新田肩衝〃をつたへてゐる。もと新田義貞所持にかかるといふ。徳川氏は新田氏の出であるが故に、この茶入れを鄭重に收藏するやう、水戸徳川家をその内面から促すところの、なにか心理的な衝迫があると、このやうに見るのが正しいであらう。

歴史には存在としての歴史とロゴスとしての歴史のほかに、これとは全く次元を異にして、人の心の内面に逼り來、その人の胸奥を衝き動かさずばやまぬ何かがあるのである。この何かは、人にあつてはそれと意識にのぼるなく、また平常底にあつてはそれと自覺されるといふことのないのが一般ではあるが、時あつては鮮烈に生き生きとして、また時あつては苛烈に內面から人の心を搖すぶりかけるところの何かがあるのである。語りかけてくる何かがあるのである。かういふ意識はどこまでも無意識のうちなる意識であり、それとは自覺されるなき自覺とこれをよぶこともできるであらう。別のいひ方をするならば、意識の底にひそむ無意識であり、自覺の底にかくれて無自覺のままに存在するところの自覺なのである。吾人がいふ史的關心とは斯ういふ關心である。斯うした關心の無關心、無關心のうちに息づく關心といふものを疎外し、顧ることを忘れたままであるならば、いかに精緻をほこる歴史研究とても、畢竟龍を描いて點睛を缺くといふうらみを、かこたざるを得ないのである。

アウグスチヌスは未來と現在と過去とを、それぞれ期待と直觀それに記憶といふ精神の三つの作用から解明しようとした。長い未來といふことは長い期待といふことこれであり、長い過去とは過去の長い記憶のこと、期待とは未來といふものを現在的に把持するそのことであり、記憶とは過ぎ去つたものを現在的に把持するといふことなのである。そして直觀とは現在するものをば現在的に把持するといふことにほかならない。要は時間を未來や過去の方向に於てではなく、現在に於て把持し認得するといふことなのである。このやうに現在に於て把捉しこれを認得するといふことは、事象の觀想をば純粋に內に向けしめようとするといふことである。哲學者の好んで用ひる言葉を以てすれば、それは內的に超越するといふことである。外にあるものを對象的に捉み、知識として積みあげんとするのではなく、內に向つて自己の心の底を驀地に餘念もなく他念も知らに、どこまでも自己の根據となるものの中に深く嵌入し、これを追求しようとする、そのことなのである。『正法眼藏辨註』を撰つた江戸時代享保二十年示寂の天桂禪師は、さとる者が自己であり、さとらるゝものもまた自己であるといつた。永平寺の道元禪師が自己の正傳は他より得ず、自己より自己に相傳するのであり、自己をならふとは大己に從ふの道にほかならず、といつたのをうける垂示である。

四、さとるは自己　さとらるゝも自己

古代ギリシヤの藝術にその情熱のすべてを燃やしつくしたJ・J・ウィンケルマン（一七一七—一七六八）である。貧しい靴屋の倅であつた彼は好學刻苦、遂に文獻學のAugust ベェク（一七八五—一八六七）とならび、古代研究の一大明星と仰がれ、その生誕の日の十二月九日はドイツの各大學のこの方面の研究室では、彼を記念するアーベントのもたれることを常とするといふ。

彼の『古代美術史』（Gesch, der Kunst des Altertums, 1764.）はそれまで多くの例をもつ美術史家

の著した列傳體の美術史でなく、美術自體の發展々開の相の記述となつてゐて、その見識の高さを示し、その畫期的な意義は今日もなほ生命をもちつゞけてゐる。著者ウィンケルマンは人文中學に學べる少年期からオディッセイをよみ、南方熱にとりつかれ、ギリシヤ美術に心ひかれたといふ。いはゞギリシヤ美術のよびかけにこたへて美術品を求め、イタリアに巡禮の旅をかさねたのである。さうした情熱は一七六四年に結實を見て『古代美術史』の上梓を見るに至つた。(1) かつてヘーゲルはその『藝術哲學』の講義の中で、かういつてゐる。ウインケルマンは古代人の理想的作品を觀照することにより一種の靈感をうけ、それを通じて藝術研究に新しい感覺を開いたのであると。ギリシヤの藝術品は彼の心に語りかけ、彼の魂の扉を開かしめることとなつたのである。ウォルター・ペーターはその名著『ルネサンス』でかういふ、

彼の文學的生活が、彼の周りにいた人たちに與えた印象は、一般原理を觀想的に展開させるということよりもむしろ、興奮と直觀と靈感の印象を與えたのだつた。

(富士川義之譯〝ルネサンス〟、白水社、一九八六刊)

すなはち彼の古代藝術研究の裏には、興奮と直觀、そして靈感とがあつたといふのである。

このウインケルマンから一時代遲れてゲーテがある。若きゲーテは人生に對する理想を求め、古代の世界にさそはれるがまゝ、フランス革命直前の二ケ年を、陽光もうらゝな南國にさすらひ、その天成の詩懷を涵つたのである。『伊太利紀行』はかくして成つた。彼の筆は卒直にして然も自然に、そ

してまたぢかに自らの眼で見、胸に感じとることのできたものを物語るのであつた。そこにはいさゝかの修飾もなければ作爲もない南方の清澄さ、調和された生の息吹きが、彼の魂にむけてよびかけてきたものを見、かつ知ることができるのである。[2] ゲーテはローマに滯在して、あたかも運命の決議に同席してゐるかのやうな想をば、禁ずることができなかつたといつてゐる。ゲーテにとつての古代は、彼にぢかに語りかけ、話しかけてくる永遠の現在であつたのである。

ところでこのゲーテが、ウインケルマンの上に見た古代美術への情熱を批評して、それはデーモンのいたすところにほかならぬといつてゐるところは、吾人にとり深く關心をそゝられる條である。かういふことである。

眞の性格者はそのデーモンに由來する使命感をば、何らかの意味で自覺した人々の間にのみ見出されるのである。もとより彼自身は自己の性格などについて、殊更に仰々しく論ずることはしないであらう。蓋しそれは彼本來のエレメントなのであるから。[3]

これ、ゲーテ景仰ひとすぢの獨文學者小野浩氏の述べるところである。

註

（1）千代田謙『西洋史學名著解題』「現代史學大系」第十五卷　共立社　昭和六
（2）小野浩『ゲーテの古代的轉回』「第五章イタリア紀行に於ける古代の場」一九八二、三修社
（3）同右書「第三章ゲーテのウインケルマン論」、

五、ウインケルマンとゲーテ

ゲーテがイタリアの巡歴でその詩懐を深く涵ふことのあつたといふが、そのときのゲーテ自身が體驗したところのものは、ひとり彼の感覺の域にとゞまるものではなかつた筈である。感覺はこれをいかほど積みかさねたところで、表現とはけつしてならない。感覺の結合したものが表現となるのではない。それは表象にとゞまる。表象は感覺をば生み出した抽象的な基盤の上に現はれるものであつて、精神の自己表現といふやうな深い意味あひをもつ、といふことはあり得ない。感覺は直觀の斷片《フラグメント》であるにとゞまると同時に、また表象もつまるところ、表現の斷片にほかならないのである。ウインケルマンの『古代美術史』はさきに見たやうに、人々に興奮と直觀、それに靈感の印象を與へたと、ペーターはいふのであつた。およそ印象といへば、それは端的にある種の形態と、同時にその裏に息づいてゐるガイスト（Geist）をば捉へるところがあるといふのである。印象とはさうしたガイストの作用にほかならない。そしてこの印象が鮮烈であればあるほど、印象は表現にまで自己を發展せしめ、自己をば展開せしめてゆくのである。彼の『古代美術史』はさういふ意味をもち、ゲーテの『イタリア紀行』もまたさういふものなのである。表現とは感覺から出立を見るのではなくして、直觀から出立してくるものなのである。表現とはかうした意味からして意味直觀にほかならぬと、このやうにいつてもよいのである。ミケランジェロは、畫家は手によらずして頭で描くといつたといふ。彼の繪は彼の直觀によつてもたらされたのである。

而してかうした意味直觀が成立するそのとき、奇しくも自己は主體的に自己となり、自己を確立することとなるのである。かうしてウインケルマンはウインケルマンとなつたのであり、ゲーテはゲーテといふ人格となつたのである。直觀といふはたらきは主體に對し一つの精神的世界をもたらすのであり、人に一つの精神的世界を與へるといふことになるのである。天正十年の夏六月、備中高松にあり信長の悲報に接したそのときの、秀吉の直觀したものははからずも、秀吉の上に新しい世界をもたらすこととなつたのである。延元元年の五月、廟議は楠公正成に兵庫下向を命じたとき、楠公は自らの心に言ひきかせたのである。

此上ハサノミ異議ヲ申スニ不及、且ハ恐レアリ、サテハ大敵ヲ欺キシエタケ(ママ)、勝軍ヲ全クセントノ智謀叡慮ニテハナク、只無貳ノ戰士ヲ大軍ニ充テラレムトハカリノ仰セナレハ、討死セヨトノ勅定コサムナレ、義ヲ重シ死ヲ顧ヌハ忠臣勇士ノ存ル處也、（西源院本『太平記』）

と自己の置かれた位置と立場とを、そのときその場で直觀したそのとき、そのところに、楠公の楠公たる所以が全うせられる契機となつたのである。楠公の全機の現成である。自己は他のひとと代替することのできぬ、唯一無二の人格をもつところの行爲的意志的主體となつたといふことである。受動的な外的自我を去つて、自らが自らで生きる内的能動的な自我に轉ずるのである。直觀とはベルクソンに倣つて、空間的必然的な世界を出て、自由な時間の世界に入ることであり、これを純粋持續とよぶならば、このことは、自らが時に流されることではなく、自らが自らの意志で流れるといふこと、自らが自らを生み出すといふこと、つまり自己が自己を創造するといふことなのである。事象の根柢にあつてそれらを現象せしめる動的原理がそれらの現象の奥に、或は内にひそんでをり、それに共感し、感得するのが直觀なのである。精神が精神を見、精神が精神を捉へることといふ、vision de l'esprit がこれであり、直觀と精神とは一つのものとなるといふことである。ある意味では生命そのものとなるといふことである。vision de l'esprit を精神が精神を見るといふ意味から、これを「精神視」とよぶならば、この「精神視」は「肉眼視」とは全く別のものなのである[1]。

かつて三木清の『歴史哲學』で、生起したものとしての歴史は人に對し、いはゞ非本來的にしてかつ外的な所與としてあるが、歴史とは畢竟人間の行爲の足跡であり、成果にほかならぬとするそのとき、人が歴史をつくる行爲やそのはたらきの奥の、そのまた奥にひそみ、人をして内面から外にむかつて行爲を促すところの何かの存在を、思はずにはゐられぬとして、これを〝事實としての歴史〟とよんだ。かうした存在としての歴史は相對的な歴史にとゞまる。吾人が胸に衝迫となつてくるものではない。相對的な歴史、これを道元は法華轉といひ、轉法華とはきびしくも別つところがあつた。主體性を隨流去せしめるそのところには、vision de l'esprit を止めるといふことはできない。J・G・ドロイゼンの『史學綱要』にかういつてゐるところがある。

刻印し形成り整へつゝ、凡ゆる表出に於いて人間は彼の個性的な本質の表現、彼の自我の表現を與へる。そのやうな表現や印象のうちで、われわれに對しなほ何等かの仕方で、どこかに存してゐるところのものが、われわれに話しかけ、われわれに理解されるのである。(2)

われわれに話しかけてくるものを、耳を澄まして聞くといふことがすなはち、自己自身の本性にむかつて自己自身を充實せしめる端的の契機となるのであり、自己が內的に自己を超越する所以ともなるのである。『佛說無量壽經』のいふ「謙敬聞奉行」がこれであり、ドロイゼンはこれ、回轉しつゝある時間そのものに、名を與へるといふ偉大なことであると、このやうにいふのであつた。換言すれば流行のうちに不易を見、さうした不易を己心に證得するといふことこれである。

註

(1) 澤瀉久敬『ベルクソン』中公新書 昭和六十二 一三五頁

(2) ドロイゼン『史學綱要』一、歷史第七節 樺俊雄譯 昭和十二 刀江書院

六、看《かん》經《きん》の眼

流行は流行として自己を轉ぜしめながらに、不易の實をそこに結ぶ、そのところに歷史は歷史となるのである。流れゆく時間をとゞめるもの、それが不易である。土芳の『あかさうし』にいふ、

師の風雅に萬代不易有、一時の變化あり。この二ツに究り、其本一也。その一といふは風雅の誠也。不易をしらざれば實に知れるにあらず。（岩波文庫本）

しからばその不易とは何か。土芳はいふ、

不易といふは新古によらず、變化流行にもかゝわ（ママ）らず、誠によく立たる姿也。

と。流れゆく時は連續であり、存在としての ontisch な歷史であり、不易の歷史は非連續の ontologisch な歷史なのである。かうした非連續が非連續のまゝに連續する。さうした實際の相を吾人は精神史とよぶ。佛量でもなく法量でもなく、また悟量でもなければ會量でもない、非思量底の思量といつた永平道元の言が、かうした精神史の意味構造の實を、よく照見せしめるものがある。

人は常に行爲するものであると共に、また自己を包攝し圍繞して自己を生みなす客觀的な世界につながつてゐる。この客觀的世界の自己限定として人はつねに在るのであるから、人の行爲はそれぞれに內容をもつことになる。內容をもたぬ行爲といふものがありとすれば、それは非有機的な物體の運動と少しも異るところはない。もとより人の、どこまでも自由なる意志による行爲と思はれるものであつても、何らかの意味で客觀的世界の限定をうけないものはない。ここに武野紹鷗が門人の千宗易に與へた「侘」を說いた一文がある。

侘と云ふこと葉は、故人も色々に歌にも詠じけれども、ちかくは正直に愼み深く、おごらぬ樣を侘と云ふ。

とこのやうにあつて、紹鷗そのひとは「御身は只人にてましまさず候、聞く耳見る目知るものあれば、一分の明德くもりなく候、我等は心にてとくと合點して樂しみ候」と、利休への厚き期待を隱すことがなかつた。ついてはこゝにいふ「正直」とは、正しく潔く晴れ晴れとした心をいふのであり、古代日本から傳はつた所謂「明き淸き直きまことの心」を指してゐるのである。かうした古代から傳はつてきた心が客觀的世界として在り、その自己限定としてこれを見、かつこれをうけとるべきであるといふのが、紹鷗が利休に與へた教誨なのである。この紹鷗の風儀を示すものとして袋棚がある。天正九年の利休傳書では、

紹鷗老、袋棚を作り給ひし時名言あり、袋棚を或は塗り、或は蒔繪し、結構にすべからず、其儘板にて麁相なる所に物すきありと宣り。惣じて物數奇といふのは、ソサウにしてきれいに、りかふなるを言ふ也、結構にこしらへたる事は數奇道には用ひがたし。

と紹鷗の意をつたへてゐる。この袋棚にはその名の如く棚の中に御厨子棚がしつらへられ、天照大神の御神體をあらはす鏡が祀られてあつた。もとより天照大神の尊崇がこゝにまつはるのであるが、こゝに紹鷗のいふ麁相なるものの好みが見える。これ茶道史上の問題であると西堀一三氏はいふ。※紹鷗の麁相とは單に粗末といふことではなく、麁相にしてきれいに、神宮に倣つてシラ木をその侭用ひるのでなければならぬ。しかもこの種のものが蒔繪したり漆を塗るよりも、はるかに上のことであるといふところ、注意してしすぎるといふことはない。紹鷗が東山殿から拜領の〝白鷺の繪〟の金襴の

表装をことさらに地味な緞子にしかへ、掛物の軸が象牙であつたのを花梨にとりかへしめたといふところに、紹鷗の心に存するものがいかなるものであつたかを、窺ひ知ることができる。

わが古代このかた、わが國びとの上に流れてゐる思潮が、一つの客觀的精神として紹鷗の上に流れてをり、さうした思潮の自己限定としてこゝに紹鷗の侘びがある、とこのやうに理解するのである。

近代精神の意義は中世のそれに對して斯岸的なる色彩をもつところにある。かうした時代精神は人の興味と關心、日々孜々營々の努力の方向おのづと現實的な方向に傾斜せしめ、計量的な精神の昂揚が著しく見られるに至るのである。たとへば濃艶な色彩と微妙なる線の浮世繪がもてはやされるとともに、もう一つの特色として、寫生畫の伸展がある。好んで花卉や鷄を描いた伊藤若冲がある。彼の鷄はその羽毛の一つだにいやしくもするなく、一つ一つを線で克明に描く。圓山應擧の瀑布圖はその水勢、逼眞を以て生命とし、その描く鯉魚水鳥はその鱗や羽毛を細密に描き出す。實事に逼まるその筆致その畫面、いさゝかだに繁雑さや猥雑さを覺えしめるといふことがない。

行爲の主體たる人間の行爲は、その行爲の背後にある客觀的精神と遊離した絶對の個としてあるのではなく、行爲の根源に於て客觀的精神の核ともなるべきものの限定としてあるのである。行爲するものはさうした核ともなるべきものを見る眼、所謂看經《かんきん》の眼ともいふべきものをば、その内にもちあはせてゐるのである。かうした核心を見る眼とは、行爲を内に見る眼であると同時に、自己の外にありながら、この自己にはたらきかけ、自己を限定してくる客觀的精神との結びつきを見る眼をば、もつてゐるといふことなのである。人間はつねに行爲する主體であると同時に、自己にはたらきかけてくる精神の核を直感し、これを直觀する主體なのである。天正十年六月四日備中高松で進退窮した絶體絶命の秀吉の眼には、實にかうしたものをこのとき內的に直觀するところがあつたのである。このとき秀吉は、その置かれてゐる客觀的世界の內ふところに深く入りこみ、そこで內的に彼と一體となる何かを捉んだのであり、感じとるところがあつたのである。內的直觀である。このときの內的直觀はひとり秀吉だけのものであり、他のものには秀吉ほど深いものは無かつたといつてよいであらう。逼眞の瀑布圖を描く應擧の、また鷄や魚貝を鄭重に寫生する若冲の運筆の先端には、かうした眼があやしいまでに光芒を發してゐたのである。外にむけての認識は內にむけて同時にくびれ、內に收斂する力がはたらくのである。生命の高昇する契機なのである。

人間存在には相互に矛盾は背離する、膨張と收斂、アポロ的なものとディオニソス的なものとのせめぎあひが、同時に存在してゐるのであつて、こゝに人間精神はきびしく鍊成をうけ鍛造される。むかしからこのことを切磋といひ鍊磨とよんできてゐる。人間精神の切磋鍊磨の構造は、かうした膨張と收斂、相互に矛盾し背離するところのものの、心の內なるせめぎあひを通してのことである。このせめぎあひを通して、人はその全機を現成せしめることになるのである。備中高松での苦惱が天下人としての秀吉その人の、その道を開かしめる所以となつたのである。

このことは斯うもいつてよいであらう。過去とは過ぎ去つたものであるとはいへ、行爲的主體の心とは決斷と行爲とを促してやまぬ現實そのものなのであり、未來とは、行爲的主體に對し創造的意志として、自らが生きるべく呼びかけてくる現實そのものなのであると。カントが實踐的自由とは、未來より呼びかけてくる道德法の逃れ難き必然にほかならぬ、といつたことが想起されてくる。

人にはそれぞれ課題が與へられてゐる。この課題に對し解決のためにそれぞれが苦鬪するそのところに、眞の人間がそのときその場で開花現成を見せるのである。かうした課題を人に對し限定してくるのが現在としての過去であり、未だ來たらざる未來が現在に於てある、といふことの意味である。現在としてあるところの過去と、また現在としてある未來とのせめぎあひの上に、人が人としてみづからの課題を領受し展開するのである。この意味にての相剋と矛盾、それはいはゞデモーニッシの衝動性として、人に逼まつてくるのである。このやうにデモーニッシな衝迫を感得するといふことが、換言すれば歷史を甲乙人のそれ、丙丁子のそれとしてではなく、まさに己れの歷史として感じとるといふこと、このことでなければならぬ。

生命ある國史の認識に到達し得るものとは、收集し蓄積した該博にして精確なる知識の根底に、わが日本に生まれたるものは、日本に生まれたる所すなはちこれ天命なり、日本は日本にうまれたるものの止まる所なりといふ自覺をもつその人のことである。二宮尊德はいふ、

天地ノ間ニ生レタル萬物ハ天地ノ間ニ生レタル所則天命也、故ニ天地ノ間ハ天地ノ間ニ生レタル萬物ノ所止也。（『萬物知止編』）

實證史學はその知識の量產を誇るといふことはさることながら、かうした存在的ontischな實證主義の歴史とはその性格を異にして、人の魂に惻々とし語りかけよびかけてくるontologischな歴史というものが別にあるべきを思ふのである。吾人がいふ史的關心とはまさにこれであり、そこでは人が歴史を捉へるのではなくして、歴史が人を捉へるといふ、さうした歴史を私は考へてゐるのである。

『奥の細道』の冒頭、あまりにも名高い蕉翁の一文は、

予もいづれの年よりか、片雲の風にさそはれて漂泊の思ひやまず、海濱にさすらへ、去年の秋、江上の破屋に蜘蛛の古巣を拂ひて、や、年も暮れ、春立てる霞の空に、白川の關越えんと、そゞろ神の物につきて心をくるはせ、道祖神のまねきにあひて、

云々とある。貞享五年の九月『更科紀行』の旅から戻つたばかりの蕉翁、その心をはやくもそゝのかしてやまぬものがあるといふのである。吾人のいふ史的關心である。パトスである。蕉門の人たちはそれぞれの胸にこれを承當するそのとき、俳諧の心を得たといふことができるのであつた。『あかさうし』には、松の事は松に習へ、竹の事は竹に習へといふがある。蕉翁はいふのである、

習へと云は、物に入てその微の顯て情の感るや、句となる所也、(岩波文庫本)

松の、そして竹の、人に語りかけ喚びかけてくるところのものに習へといふのである。私意をはなちわすれ、耳を澄ませてこれを聞けといふのである。永平寺の道元は、

佛道をならふといふは、自己をならふなり、自己をならふといふは、自己をわするゝなり、自己

をわする丶といふは萬法に證せらる丶なり、萬法に證せらる丶といふは、自己の身心および他己の身心をして脱落せしむるなり、（『正法眼藏』現成公案）

といふ。

歷史研究の目的は、「歎異鈔」に見るやうな南都北嶺のゆ丶しき學生たちたらんとすることではない。自己をならふといふことでなければならない。自己をならひて身心を擧し、すべてを佛のかたに投げ入れ、佛のかたよりおこなはれるものを至心に聽聞し、聞信しようとする、さうした思考の論理に立たうとするのである。投げ入れるは己心であり己身である、投げいれる向ふにあるものはといへば、道元にあつては佛、吾人にあつては國史を貫いてその光芒を發してやまぬところの精神的世界、すなはちこれである。

註

※ 西堀一三、『日本茶道史』 第十章、初版昭和十五年

神よみがへる

一

神々の物語は時間經過の形式から言つて、歴史以前の、もしくは時間の外のものと考へられてゐる。ではあるが、歴史の始めに神話があるといふのは、神話をこの世界に對し超越的な關係にあり、もしくは超歴史的な古代に屬するといふ意味をもち、人の理性を以て理論的な考察を加へることができる以前の、言はば、非理性的な神祕のヴェイルに包まれた世界のものである、と看做しがちである。ところが神々の物語は總じて人そのものが、乃至は人の世界も、さうした神話から生まれてきてゐるといふのである。さうした前論理的な世界としてかうした物語が嚴に人々の間に生きてゐて、人びとの意識の底なる無意識の裡にはたらいてをり、今にくりかへして人々の實修《プラクシス》をうながしてやまぬものをもつのである。

たとへば畿內、とりわけ目だつは近江の國であるが、正月のはじめにムラの若い衆が集まつて、身を淨めた上で藁で大きな蛇體をつくり、できあがると男衆は皆でこれを擔ぎあげて山中に入り、しきりとあばれながら山の神木に巻きつけ、ときには神社の棟にくくりつけてこれに矢を射かける。或はその前で大きな藁を燃やし、その火で餅をあぶつて食べる。かうした行事に參加してゐる者にどうしてこのやうなことをするのかと尋ねると、スサノヲのミコトの八岐大蛇退治の話を、今繰り返してゐるのだといふ答が返つてくる。八岐大蛇退治の神話は遠い神代の物語ではなくして、當今只今も人々の意識のうちに生きてゐる、といふことなのである。

また出雲では荒神様が、人々の生活の場である聚落ごとに祭られてゐる。荒神様の前に藁で作つた、トグロを巻いた蛇が置かれたり、樹木に巻きつけられたりしてゐる。人びとはその前に瓶に酒をいれ、これに供へるのであるが、ときにはこの藁の蛇は八岐大蛇をかたどり、頭が三つ岐にしつらへられたりしてゐる。

かうした儀禮、つまり祭りはいつともしれぬ遠いむかしから、年々歳々くり返されてきてゐるのであつて、この意味から神話は今に生きて人々と共にあるといふことなのである。世代から世代へと鄕土の集團生活を通して、人びとの生活や思想、感情が集團的に表現され、世代から世代へと讓りわたされてきてゐるのであるから、かうした祭儀にあづかることは、集團の共同性を身に體する所以ともなるのであつて、か〻る祭儀の實修《プラクシス》なしには、むかしから人々はその心のおちつきを得ることができなかつたのである。

近江は坂本、叡山の山腹、大津市山中の樹下神社では、年ごとの五月十五日に「お膳持ち」といふ祭儀がある。六人の當屋の中から嫁入前の娘が選ばれ、婚禮の衣裝をつけ、赤飯の盛飯に瓶子、豆腐やわかめ、魞《えり》などの神饌を盛つた長方形の淺い折敷、舟と名付けられた長さ四尺、幅一尺七寸のものを頭上に載き、これを神前に供へる。この折敷——天保八年製とある——の神饌をひきくり返すと、人々村衆の上に不祥や不吉があるといふので、ムラ人や祭儀に參加の全員極度の緊張のうちにこの祭儀は進行する。八岐大蛇と奇稲田媛との神婚の儀の今日に於ける再現なのである。この社での正月十五日の射禮の儀は、神社横の馬場に二本の松をたて、これに藁の蛇を張りわたし、その中腹に的を吊るす。六人の當屋は裃に正装して吉田流の射法でこの的を射る。大蛇退治の祭儀なのである。

六月と十二月の大祓の儀に茅の輪くゞりが執り行はれる。茅の輪を六尺間隔の竹杭二本にくくりつけ、茅の輪の上には竹杭と竹杭との間に一條の注連縄を張りわたし、この茅の輪の神聖さをあらはしめてゐるのであるが、この茅の輪を宮司以下の參列者がくゞりぬけるといふのは、つまり茅の輪の形が大蛇の象徴なのである。茅の輪くゞりは大蛇退治なのであるから、くゞりぬける神職は刀を腰にさすのが古禮である。

スサノヲのミコトの大蛇退治は日本神話のうちにあつて、天孫降臨とならぶ大きな柱である。大蛇が年ごとに出現して清き乙女を求めるといふのは、その乙女が稲田媛と名付けられてゐるやうに水田の人格化と、これを見るならば、八岐大蛇は一瞬にして美田を押し流す怖ろしき洪水と見たてるのは、理に合つた推理であり、解釋ではあるに違ひない。

ではあるが、かうした解釋だけでは人が人であるかぎり人の上に付き纏ふ、それこそ多様多種なる生の脅威のすべてをあらはすことはできない。人の生は明日のことはわからないのである。大蛇の観念に洪水が強く意識されてゐるとしても、もつと深い複雑なものがそこに観想されてゐるのである。

人がその生について思ひ致すそのときは、その生の上には言ひやうのない不安がいつも付き纏ひ、さうした漠然とした不安は、これを的確に言葉では言ひ表はすことはできぬけれども、さうした恐怖につねに人は脅かされてゐるのである。恐怖を感得するといふことでは、人によりその淺さ深さの別はあるが、ここでいふのは實存哲學でいふところの、生の根源の不安のことである。

それは一切の不安の根源である。人が客觀的世界のうちに編みこまれ、そのなかの一分肢として在るその間は、我々の本來の存在は隱されてゐるのである。また隱されてゐることに氣付かうとは、人は敢へてしようとはしないで、ともすればことさらに眼をそれからそらさうとするのである。人はさうした不安を直視することを怖れる。ではあるが、人はまた自己存在の眞をば、求めずにはゐられない存在なのである。人は言はば「根源への存在」であるからである。自己の生をよくよく自覺し反省し直觀するそのとき、安泰と信じ堅固を自負してきたその生の根據は、忽ちに根底から崩れ去るを覺えぬものはないであらう。

されば八岐大蛇退治の傳承は、古代君主の治水の成功を意味するといふこと以上に、社會の上に、或は人々の生の上に掩ひ被さつてきてゐる氣味わるい人間存在を脅かす根源的不安の拂攘を意味するのでなければならぬ。スサノオの劒光一閃するそのときのそのところ、退治された大蛇が象徴する人間存在そのものの有つ根源的不安、かうした不安からの自由と解放とを人びとは覺えたのである。

形而上學とは、我々人間が各自それであるところの現存在が、不安を超克し、存在するものの全體を捉えるといふことにほかならないとは、ハイデガーの『形而上學とは何か』で言つてゐることである。プラトンのいふやうにフィロミュトス（神話を愛する人）は同時にフィロソフォス（智恵を愛する人）なのであり、かうしたフィロソフォスの自己省察から直観されてくるところのものが卽ち、フィロソフィア（哲學）なのである。フィロソフィアとは根源、更には根據についての知なのである。哲學するといふことは、さうした根據についての探究にほかならない。歴史とはギリシャ語のヒストリア、すなはち物語としての歴史だけではなく、また出來ごととしての歴史であり、このヒストリアとは、總じて探究としての歴史を意味するものであるとするならば、歴史はもともとそのままに哲學に通ずるものを有つ、といつてよいであらう。

二

德川三代將軍家光は、權現樣すなはち家康のなした通りといふことを施政の眼目とし、方針としてゐた。八代將軍吉宗もまた家康に還ることを理想としてゐた。また近世の大名はいづれもその家を起こした人物を別して尊敬してきた。始めを尊ぶといふことなのである。工匠たちは太子講を組織し、聖德太子の畫像を掲げてこれを祭り、茶道の宗匠は利休忌をわすれるといふことはない。

かうした考へはつまり、ものの始めとは、のちのすべてを決定するものであるといふことを思ひ、かつそのやうに信ずるところから發してゐるのである。かうした意識、かうした反省は家康が、聖徳太子が、そして利休その人が、それぞれの道に於て生き通して今日に在るといふことの自覺であり、さうした意識の直觀的な反省にほかならない。

八岐大蛇退治といふ神話傳承は、遠い神代の一回かぎりの、いはば歴史の外の事なのではなく、現在只今の吾人が生々と吾人が心の底に生動し、さうした生動してゐるものを感得してゐる事實なのである。神話は文學的な表現、或は理論的な説明を意味するものではなくして、つねに實踐的な意味を有つてゐる。吉宗將軍にその施政の目標は、何を以て權現樣通りであらねばならぬのかと問うてみても、吉宗はこれに理論的な的確の説明はよく成し得なかつたことであらう。家光や吉宗にとつては、家康は神話であつた。それは教條的な體系ではない。どこまでも心象であり、家光や吉宗その人の心の表象にとどまるものなのである。さうした心象、さうした表象は家光や吉宗の行爲にまでつねに媒介されてくるものなのである。

そしてそのやうに行爲せねば心のおちつきは、これを得られなかつたのである。行爲にまで媒介するものはといへば、さうした表象や心象がそれを培ふことによつて、そこにおのづと形成されるのを見る信念的なもの、とこのやうに言つたらばよいであらう。

信念的といつてはなほ的確さを缺くとすれば、それは個人精神を離れて他に別に存續してゐるものではないけれども、しかし同時に個人の意識の構造には還元できない一つの精神文化の概念を含んでゐる、個人意識の構造はこれをいかに純粋にしても、精神文化の構造を示すことができないものがあるけれども、徳川将軍なら徳川家として、茶道の宗匠ならば宗匠として、そこにはたらくのはそれぞれの道のうちに流れ息づいてゐる集團の意志が主體となつて、それぞれ個人の上にはたらきかけてくるものがあるといふことなのである。

祭りには人々をして參加を促す意志がはたらいてゐるのであり、將軍には將軍の心の上にはらたきかけてくる何かがあるのであつて、さうしたはたらきかけてくる聲を聞くそのとき、おのづと權現様の通りといふ言葉が發せられてくるのである。これ卽ち將軍や茶道の宗匠がその體《からだ》とともにもつてゐるところの知なのである。ではあるが、さうした知といふ言葉はこの場合、必ずしも適切ではないかもしれない。awareness（氣づかい）といつたらよいであらう。

神話の基本的動機はこのやうに人間意識の反映であり、その基礎は理論的な思考ではなくして、身體の深いところから發する共感的な感情であり、感覺なのである。生命とは生命が生命を生きる體驗の過程そのものであるとすれば、自己の生命の中には他の生命を體驗し、他の生命と共に在るといふことの體驗が、そのことでなければならぬといつてよいであらう。生とはすなはち單なる經驗ではなくして、どこまでも體驗なのである。經驗といへばそれは理知の加工にとどまる。いかなる動物も自己の過去の經驗の連續に生きるのであるが、しかし經驗の繼續に生きるものでは決してない。

よく世間でいふやうに、親たちの經驗は必ずしもそのまま子孫の經驗となることはない。親から子孫に傳はるものは親の經驗ではなくして、親たちのそのときどきの生命過程のうちにあつて、他の生命との馴れあひ睦びあひからおのづと體得されてきた、理知の加工以前の體驗が傳はるのである。

このことから生とは體驗であるといふのである。厚みをもち重さをもつた、ときには嚴肅さをもつた感情が、集團社會を構成する成員に次から次へと傳へられ、かうして傳へられることを通してさうした感情や感覺が、新しいいのちが、新しい活力が、再生されてくるのである。藁でつくられた蛇體を用意し、ここにスサノヲのミコトの大蛇退治の神話の再現を意圖する村の衆も、或は利休忌をいとなむ茶道の宗匠や社中の人たちも、それぞれのかうした神話を復原し實習してゐるのであつて、さうした祭儀を通してその場が、そのままに相互の共屬意識の場となつてゐるのである。かうした實修に參ずることで相互の連帶意識が、あらためて確認されてくるのである。

生命とは、自己の生命の中に他の生命を體驗し、かうした他者と共に在ることとの體驗である。他者と共に在るといふことの體驗とは、外のものがよく見え、よく聞こえるといふ狀態に在る、といふことなのである。

三

地震直前の鯰のうごきにつき、京都大學陸水生物研究所の森下郁子氏は自身の體驗として、次のやうに申してをられる。「阪神大震災の前日の一月十六日夜、米國から研究所に戻つてきたところ、水槽の中の鯰四尾、おそろしくおちつきを喪つて、しきりと上下動をくり返してゐた。テッキリ誰かがいたづらをして酒をのませたに違ひないと思つたところ、その翌朝の大激震、大いそぎで研究所に駈けつけてみると、研究所の室内はマルで目茶苦茶、鯰は水槽に頭をぶつけて卽死。不思議に耐えなかつた」（「毎日新聞」平成七・一〇・二三）と。

すなはち研究所のビルの横は高架の自動車道、從つて研究所はいつも微妙に搖れてゐるわけであるから、研究所の鯰たちが、ふだん體で覺えてゐる振動とは違つたものを、そのとき感じとつてゐたに違ひない。おそらくは大地震の前は研究所のビルが、いつもとは異なる搖れをしてゐたと思はれる。鯰の豫知能力云々はともかくとして、人間には聽くことのできぬ波長をもつた音とか、未知の何かがそこにあるに違ひないと、氏はこのとき思つたといふのである。

これより先、氏は兵庫縣猪名川町周邊で一年間も微震がつづくところから、念のため猪名川の鯰を調べたところ、一尾もゐなくなつてゐた。どこへ行つたのかと思つてゐるやさき、あの大地震が起つたといふ（同、七・一〇・二三）。平成七年九月末から三週間もつづいた伊豆半島東方沖地震では、震源地に近い伊東市周邊では、蚯蚓や海岸の岩礁に棲む節足動物の船蟲や蟹などが、土産物店にしきりと入りこんできて、これを片づけるのが毎朝の日課となり、市の中心部では鴉の姿を見かけなくなつたといふ（同、七・一〇・二七）。

棘皮動物のウニ《海膽》には眼がない。口器の周圍にある環状の內部神經は、直接外界の光や影を感じてゐるだけで、ウニの環境と考へられる海中の岩礁、その間を泳ぐ魚類はウニにとつてはまつたくその環境ではないのである。ところがこのウニは不思議なことには外敵のヒトデが近づいてくると、これを確實に識別して直ちに反應を起こすのである。腔腸動物のクラゲ《水母》は一定のリズムでその傘をひらいたりつぼめたりの、自律運動の單調なくり返しをするだけであるのに、向ふの彼方にある何かに氣づくと傘の緣邊のたくさんの觸手で、これに對應する行動をとる。海水浴に行きクラゲに刺されたといふ經驗をもつ人は少なくはないであらう。

ウニもクラゲも、眼や耳をもつてはゐないけれども、その意味では海を十分に知つてゐる生物なのである。彼らは海にゐて海の擴がりや方向を皆目わかつてゐる筈はないのに、自身を超え、自己の向ひや自己の彼方にあるものを、的確に識別する能力をもつてゐるのである。これを、「身體と共にある知」、「身體の深みにある知」をもつてゐるといつてよい。

ウニやクラゲは、みづからが斯うした身體と共にある知をもつてゐることは、おそらくは少しも自分では意識してゐないにもかかはらず、それを知つてゐるのであり、さうしたはたらきをもつてゐるのである。蜜蜂が巢の入口で青空の一片を見るだけで、太陽の天空での位置を知ることができるといふのも、かうした性質のはたらきであるに違ひない。斯うした「身體と共にある知」、ウニやクラゲのもつかうした知はわれわれ人間にもその意識の根源に、對象を辨別する認識作用のはたらきとして、与へられてゐるやうに思はれるのである。

たとへば石器時代末期のアルタミラの洞窟壁畫、ここに野牛や鹿、トナカイがきわめて寫實的に描かれてはゐるが、しかし石器時代の人にとり當然その環境をなしてゐた筈の山や川、植物がそこには全く描かれてゐないといふのは、つまりここに描かれてゐないものは彼らの生命過程にあつては、意識に登るといふことが全くなかつたといふことなのである。食用に供されるものだけが、彼らの身體と共にあつた知なのであり、そのほかのものは彼らの根源知からは、すべて外されてゐたといふことなのである。

かうした根源知、それは身體と共にある知であり、身體の深みにある知であり、對象を辨別する感覺や知覺の認識作用に先行するのであるが、これを客體化し對象化して見ることはできない。ただ體驗されるのみなのである。であるから一般の心理學ではこれを取り扱ふことはない。言はば吾人が生きてゐるといふことの根本は、かうした體と共にあるものがあるといふことを、無意識のうちに知つてゐる、乃至はそれをそれと知ることがあるといふことなのである、とこのやうに思ふのである。

四

人が生きてゐるといふことは、かうした根源知が、體とともにあるところの知が、時にかなひ、場所をば得て活潑々地にはたらくといふことである。動物の感覺や知覺はその根底は欲動に衝き動かされてゐる。人間はかうした欲動性に對して精神がはたらき、さうした欲動的なるものを抑止し、或はそれをそらして目的を設定する。目的をたてるといふのは、意志の働きにほかならない。動物は求めるものであるのに對し、人間は問ふものなのであり、問ふといふことに重きを置いて考へるものなのであるといはれてゐる。體とともにある知、體の深みにある知が全機現成し、危急の時と場面に於てみごとに開花を見せた事例として、天正十年六月三日深夜亥刻、本能寺の變の報をうけたときの羽柴秀吉がある。

秀吉は眼前に備中高松城の清水宗治と對峙し、この高松救援に驅けつけてきた毛利輝元とは一觸卽發、毛利の大軍と相鬪はばその勝敗の歸趨は定かではない。しかも秀吉の主君信長は本能寺の炎のうちに消えたのである。進退これ極まり絶體絶命の狀況に置かれた秀吉である。

ここで秀吉はその體と共にある知、その體の深みにある知が發し、そこで秀吉その人の上によびかけてくるその聲を聞いたのである。聞いたのはこの際何を爲すべきであるかといふことであり、そのとき聞こえてきたのは信念に媒介されたる內の聲である。斯くせよ、斯くあらねばならぬとの響きである。このとき秀吉の己心にひきあてて思ひ知らされたるもの、それは思惟の直觀形式といふやうな理知の產物ではない。ただこれ主君信長の無念を晴らすことこれであり、明智光秀の追討である。秀吉は必死である。かくなつては時間との勝負である。本能寺の變が毛利方には傳はらぬうちに卽刻毛利と和議を結び、居城姫路にとつて返したのが六月七日、姫路出發が九日の早朝、十日には兵庫、十一日には尼崎、十二日には攝津の富田、そして十三日が山崎の合戰である。全軍駈け脚、そのあまりにも早い進撃に明智方は驚き、氣勢を呑まれ、忽ちにして總崩れ、光秀は土民の竹槍に命をおとす。

このとき秀吉はその財のすべてを投げうち、城中の米穀金銀は悉く家臣の上に散じ、姫路出發にあたつては腹心の臣をよび、不幸にしてこのたびの戰に敗れたりと見ば、汝は卽刻姫路に立ち戻り、秀吉が家族を刺し殺し、城中一宇もあますなく燒き拂へと命じてゐたのである。

このときの秀吉には信長亡きあと光秀を討ちとり、以て天下人とならうといふやうな野心はまつたく無かつた。天下人といふ地位は山崎合戰のあとで、秀吉その人の上におのづと流れついてきたものなのである。信長の死を承知したのは六月三日深夜、翌日にも毛利方との手つゞき萬事これをすませ、光秀との合戰は十三日、すべてはこの十日間のことである。斷に當りて斷ぜざれば反つてその亂れを受くるのであり、大事を糊塗することあつては却つて事を損ずる。このとき最も必要とするのは機敏性である。相手方光秀の意表を衝くことである。

斯うした方策、かうした決意これすべて、そのときその場にあつて、秀吉その人の體の深みに發するところの知の命ずるところであつた、といつてよい。秀吉のこのときの行動、それは信長の仇討といふ理性や道義の智恵に發するものではない。ただ謙虛に秀吉の體の深みから發するところの聲、さうした內なる聲を聞いたといふところに發するのである。

今日吾人、それこそ二千年このかた、繼ぎきたれる吾人の體とともにあり、吾人が體の奥にひそむところの聲、この聲に耳をそばだて、そこからこだましてくるところを至心に聞きわけたいと思ふ。題して〝神よみがへる〟という所以である。ひと口に二千年といふが、二千年の歴史を生きぬいて吾人が體のうちにひそむもの、潜在心意のそれは、ただ事ではない。

〝もののあはれをしる〟といふこと

一、宣　長

神と人との出逢ひ邂逅、それはある日突如のできごとである。雷火や地震、噴火等、世の常ならずすぐれたる徳《こと》のありて可畏きものとの出逢ひである。形あるといへば形があり、形がないといへば未だかたちをなしてはゐない、それ故に畏怖《おそ》ろしいのである。それは普通名詞としての神ではない、ただあの泉にやどる神であり、この森にひそむ神なのである。ただ泉や森にやどるのであつて、そこに生まれた神ではない。かうした原初的な神は人間の意志により招請されることがない、これ神の最も原初的な形である。かかる形の神がやがて招請される神となる。招請する作法すなはち人の行爲によつて、つまり一定のときとところでの、きまつた儀禮、人の意志によつて招請されるのであるから、神はそこではすでに整つた形をそなへ、しかもすべての時を通じて遍在することとなつてゐると同時に、泉の神、森の神として個有名詞をもつこととなる。出逢ふ神は招請をうける神へと昇華したのである。

出逢ふ神から招請をうける神への發展であるが、かうした形態の昇華と發展の基礎體驗として、畏怖の感情がそこにある。人のかうした原初の體驗とは、さうした感覺をばかつては味あふこととなつたかの泉、この森での靈氣のよびかけであると、このやうに言ふことはゆるされるであらう。それは非日常的なるものの、非日常的なしかたでの體驗から生まれるのである。體驗の深化である。日常的な知識とは習慣的にしてかつ反覆的な、その意味では自然的となつた知識である。さうした日常的かつ反覆的なものが衝き破られることとなるそのところから、精神文化が生まれるのである。

すべて存在するものは、一つの動きである。泉や森の靈氣はそれ自體のうちに獨自の動きをもつ。さうした靈氣のはたらきかけを感じとり、直接體驗するそのところに、原初の宗教形態が認められるのであつた。かうした直接體驗を文藝の上にもち來たすそのときは、かの「あはれ」といふ感情が、それに近い形のものであるであらう

あはれといふはもと、見るものきく物ふるる事に、心の感じ出る、嘆息《なげき》の聲にて、今の俗言《よことば》にも、ああといひ、はれといふ是也、たとへば月花を見て感じて、ああ見事な花ぢや、はれよい月かななどといふ、あはれといふは、このああとはれとの重なりたる物にて、漢文に嗚呼などあるもじを、ああとよむこれ也。（『源氏物語玉の小櫛』）

經驗は人と環境との交鬪交渉によつて現はれる。經驗するとは、自己が自己の世界に於て物に出逢ふといふことそのことであり、環境は主體に作用しつづけるのである。これがこの場合の「あはれ」といふ感情である。この感情はいはば主客未分、未發の端的な經驗としてあるのである。この經驗、といはんよりは體驗が凝つてこのとき、ああといふ嘆聲となり、見事な花ぢや、よい月かなといふ詠

嘆の詞にまでなるといふのは、人の心の內の直截な體驗でなければならず、またさうした體驗を內にひめがたくして、外にむけてのおのづからの表現となつたのである。

「あはれ」とは事象に直面し直接したそのときの直觀なのである。かうした直觀をうけての心の感動、さうした感動がもたらすところの內的な反省が、「もののあはれをしる」といふことでなければならない。本居宣長は『源氏物語玉の小櫛』で、

あはれは悲哀には限らず、うれしきにもおもしろきにも、たのしきにも、おかしきにも、すべてあはれと思はるるはみなあはれ也、

といつたこの言葉につづけて、

さて人は何事にまれ、感ずべき事にあたりて、感ずべき心をしりて感ずるを、もののあはれをしるといふを、かならず感ずべき事にふれても、心うごかず感ずることなきを、物のあはれをしらずといひ、こころなき人とはいふ也、

といふ。月は月だけ、花は花だけ、月花としては人にそのはたらきかける限定は全く無意圖的である。この無意圖的な限定を人がよい月、見ごとな花ぢやと、主體がその心に領得し領受するといふそのことは、主も無心、客もまた無心、無心の主客の兩鏡が互いに相映發し相照らしあひ、そこにはいささかの差別をもとどめないといふこと、これなのである。彼の蘇東坡が盧山で溪水の夜流する聲を耳にしたときの偈「谿聲山色是長廣舌」が、これである。さうした直觀にあつては花以外には花はなく、

月以外に月はなく、谿聲山色は谿聲山色これあるのみなのであるから、これすなはち根本實在の作用するところのものの體験であり、直観するところにほかならぬ、といつてよいであらう。これを「もののあはれをしる」といふのである。さうした心のはたらき、これをば對象的にとり出し、理論的な説明をこころみることは困難である。臨濟の「心法無形」、されど「通貫十方」がこれであり、心法心體は自然萬象の到る處にありといふこと、これに近いものがあらう。『古今集序』には花になくうぐひす、水にすむかはづのこゑをきけば、いきとしいけるもの、いづれかうたをよまざりけるとあり、

やまと歌はひとつ心をたねとして、萬の言のはとぞなれりけるとある、此心といふが則物のあはれをしる心なり、（『石上私淑言』）

と宣長の說くところは、よく言ひ得てゐると申してよい。

以上をうけて宣長は、

事にふれて其うれしくかなしき事の心をわきまへしるを、物のあはれをしるといふなり。其事の心をしらぬ時は、うれしき事もなく、かなしき事もなければ、心に思ふ事なし。思ふ事なくては歌はいでこぬなり。（仝上）

と、その思考するところの的確な敷衍を、こころみるのであつた。

歌は「其物のあはれをしる事の深きよりいでくるなり」、物のあはれをしるを心ある人といひ、しらぬを心なき人といふ。西行法師の「心なき身にもあはれはしられけり、鴫立つ澤の秋のゆふぐれ」

の上の句にてもしるべし、とこのやうに宣長はいふのであつた。

吾人みづからが、吾人にむかつて表現してくるものに純一になり、それを直観するそのときには、經驗内容それ自身動的となるのである。月花を視覺に捉へるそのとき、直觀される月花はその中に、吾人の知るはたらきを具せしめる月花となつてゐるのである。吾人にあつては、吾人の内面的なはたらきとなるのであつて、見事なはなぢやといひ、よい月かなと嘆ぜられるのは、吾人が意識活動の上に於て經驗せられる一種の體驗であり、體驗のもたらす感動にほかならない。かうした體驗が一層深くせられることにより、それは吾人が心の深層に於ける自覺の意識となる。「もののあはれをしる」「事の心を知る」といふことがこれである。甲乙人のそれでもなく、丙丁子のそれでもなく、まさに吾人の生命《いのち》の生命《いのち》たる意義は、またその生命《いのち》たる所以は、實在の無限なる生命《いのち》の流れ、さうした生命《いのち》の躍動に接觸するまさにそのところにあり、そのところに求められる。換言すれば吾人はそのとき、これをばしかじかとロゴス的に限定することのできぬ自覺をば與へられる、といふことであり、意識的自覺のさうしたロゴス的ではない面影を、わが上に寓せしめることとなるのである。見る自己と見られるものとの間に、交鬪と交流とが生まれるといふことであり、主と客とは一作用一流動となつて、月花の根本實相、月花の象徵する全實相との絶對統一・絶對融即とこのやうにこれを言ひ表はせば、もののあはれをしるといふことの意味に、一歩でも近い言ひ方といへるであらう。月花を通してものあはれをしるといふことは、自己が自己の根源を見出し、さうした根源に還るといふことであると、このやうに言ふべきであるかもしれない。みづからの生命《いのち》と月花の生命《いのち》とがそこで觸れあひ、みづからはみづからの生命《いのち》の根據ともいふべきものへ、深く參入することとなるのである。このことはかうも言へるであらう。すなはち月花があはれであると語るのは眞であるが故に、月花はあはれであるといふのではなく、月花はあはれであるが故に、かく語ることにより吾人は生命《いのち》の眞を語るといふこととなるのである。この場あひ、心理は判斷に屬するのではなく、判斷が存在と一致する限りに於て、判斷に屬するのである。心理は存在がそのものとして顯はになる、といふことなのである。

およそものをしるためには、誠實でなければならぬ。然らざれば眞實や眞理はこれを知ることはできない。誠實とは己れを空しくすることであり、それによつて存在は存在そのものとして顯かになる。「もののあはれをしる」といふこともまた同樣であつて、そこには第一に要請されるものは、あはれをしらんとするもの、またしられるものの心が誠實であるといふこと、また誠實でなければならぬといふことである。

もろこしの書籍は、そのうはべのつくろひかざりて、つとめたる所をもはらかきて、實の情をかける事はいとおろそか也、故にうち見るにかしこく聞こゆれ共、それはみなうはべのつくろひにて、實の情にあらず、其うはべのつくろひたる所計かける書を見なれて、其眼をもて見る故に、さやうに思はるる也。(『紫文要領』)

あはれを享受するものの心は、誠實でなければならぬといふそのことは、もろこしの書籍とわが歌物

語とを對比することによつて、はつきりとこれをば捉むことができるであらう。すなはち、

ここの歌物語（源氏物語）は人の實の心のそこをあらはにかきあらはして、物の哀を見せたる物也。人情のこまやかなる所をくまなく、くはしくかきあらはせる事、歌物語にしくはなし。其中にも此物語（源氏物語）はすぐれてこまやかにして、明鏡をかけてかたちをてらして見るが如くに、人情のくはしき所をかきあらはせり。（仝上）

とこのやうに宣長はいつて、歌物語、別しては『源氏物語』が人の心の誠のくはしき所を、敍述して剰すなきをいふのである。

人の心の誠とは、たとへば合戰場にいさぎよく討死したる者も、そのときのまことの心のうちはふる里の父母戀ひしかるべく、妻子もいま一たびは見まほしかるべく、命もすこしはおしかるべきは、これ皆人情の免れぬところ、かかる情のなきは岩木にも劣れり。歌物語は「人の情はかくの如き物ぞといふ事を見せたる物也。それを見て人の實の情をしるを物の哀をしるといふ也」。物語はそのときの風儀、その境涯をよく心得て、その人の心になりてこれを讀まなければならぬ。「其人の心になりて見るときは、物の哀も深き物也」とも、「よろつの事、わかみにひきあてて見るときは、ことに物の哀ふかき物也」とも、宣長は言ふのであつた。なによりもそこに要請されるのは心の誠實さであつた。己れを空しくすることこれであつた。己れを空しくするなくして、よろつの事をわが身にひき當てて見ようとすることは、物の眞に參入する所以ではないのである。「もののあはれをしる」といふ

ことは、ものとなつて考へ、ものとなつて見、ものとなつてこれを感じとる、といふことこれでなければならぬ。

宣長のいふ人の心のまことは、「もののあはれ」を映發するのであつた。心のまことを缺落するものには、「もののあはれ」から無緣なのである。誠實とは己れを空しくすることであり、そのことによつて存在は存在として、吾人に顯はになるのであつた。ハイデガーの用語を借りるならば、「もののあはれ」とは我に對する汝として、自己の外に在るところの對象的な存在眞理、すなはち ontisch なものではなくして、對象から自己を浮き出させ、自己自身を闡らかにさせる存在論的、ontologisch な眞理なのである。この眞理が吾人の心に關係してくるそのところが、「もののあはれをしる」といふこととなるのである。「もののあはれ」が吾人にとつての存在となるそのところに、「もののあはれ」が、「もののあはれ」としての意味をもつといふこととなり、かうしてその意味をもつに至るそのところに、「もののあはれ」が吾人に對する一つのよびかけとなるのである。そしてこのよびかけに應へるその精神作用が、「もののあはれをしる」といふことなのである。

賀茂眞淵は「人の眞こころ」といふ。天つちのそこひにまで達することのできるのが、天つちのまなる心であり、人の眞こころであつた。ひたぶるに直く明く、清く雄々しきその心の在りやうは、小林秀雄氏が言へるやうに、神の拜禮にあるのであつて、神の「信向」にはない心であつた。宣長にあつてはあはれへの信向であり、あはれの映發であつた。「もののあはれ」が吾人の心に表現的に逼まつてくる、卽ち吾人にとり存在となるそのところに、「もののあはれ」は「もののあはれ」として意味をもつやうになる、とこのやうに言つてよいのである。人の心のまことによつて、もののまことは顯はになり、もののまことのよびかけに從ひこれを吾人が心に聞くそのことがそのまま、吾人が心のまことなのである。「もののあはれをしる」といふことは、我れが借りものにあらざるといふことそのことなのであるが故に、それは單なる認識の問題ではないのである。體認としてはじめてあるといふことなのであつて「もののあはれ」のよびかけにより、吾人が、吾人の心のまことが喚び起され、幽としてあるところの「もののあはれ」を顯にしり、「事のこころをこゝに知る」といふことになるのである。「もののあはれ」とは從つて、いつも表現的に吾人が心に逼まつてくるものなのであるから、「もののあはれ」とは主觀的なものではなく、吾人に對して超越的な意味あひをもち、超越的であるが故にそれは、吾人が心に呼びかけてくる客觀的對象的なものとなるのである。かくその呼びかけを聞くことによつて、「もののあはれ」は吾人が心に內在して幽、幽にしてしかも實、實卽ち顯としてあるといふこととなり、「もののあはれをしる」とは、「もののあはれ」が吾人のこころのうちに內在してゐるといふことの精神のはたらき、すなはちその確認といふことこれであり、その自證といふことにほかならないのである。

二、伯　繼

「もののあはれをしる」といふことは、外なるよびかけに應へる心のはたらきであつた。このことはつまり、外なるよびかけが内からのよびかけとなるといふことであり、内なるよびかけが内なるよびかけであるといふ、まさにそのところに、心のまことがあるとするのである。以上のことから、内からの直觀と感動の美的契機はそのまま、内にあつては倫理的な契機に轉成するを見る、とこのやうに考へられるであらう。吾人が心のまことであるといふそのことは、そのことによつて對象的な外的世界は、眞に直截に表現的に吾人が心に逼まりくるものあるを覺えるに至る、とこのやうに見るのである。

よびかけてくるものが我をよび起こすやうになるためには、よびかけてくるものには作爲もなく潤飾もなく、常に恆に純粹でなければならぬ。對象的・外的なものがひとり純粹であるといふことばかりであるのではなく、我にあつてもまた純粹でなければ、外のよびかけに應へるといふことはできない。「もののあはれ」と、「もののあはれをしる」といふこととの關係は、常に斯うした關係にあるのである。「もののあはれ」とはかかる意味に於て、ベルクソンのいふみづからを流す時間であり、「もののあはれをしる」そのときは、我が我を生む時間とそれはなるといふことなのである。「もののあはれをしる」とは、日常的世界の自我が純粹自我に還るといふこと、そのことなのである。「もののあはれ」とは、觀照であり、「もののあはれをしる」とは、「もののあはれ」に感動することを契機として、外的自我が內的自我に轉ずるその內的自我の直觀なのである。直觀とは外的精神の刺激、その媒介によつて、吾人が內にひそむところの精神をば生々と知るといふことこれであり、精神の自覺、精神が精神となるといふことであり、對象の外皮を貫いてその奥にひそみ、その對象を可能にしてゐる根源の魂をば、吾人が胸に感得するといふことこれである。「得」といふ漢字はその義を曉りその義を身につけ、その義に合致するといふことを意味し、さうしたはたらき、精神作用を通して我が內にひそむ精神を知るといふことなのである。それは習俗や法により動かされるやうな受動的な自我ではなく、みづからがみづからで生きる能動的な、人格的な自我なのである。

かうした宣長の「もののあはれ」の論は、『源氏物語』に寄せる並々ならぬ關心の致すところから生まれたものであり、宣長による『源氏』の全講は生涯にわたり三回、四回目に入つては晩年にまで及んだ。ついてはこの宣長に先立つことおよそ百年、熊澤蕃山また『源氏』に深く心を寄せて『源氏外傳』の著がある。宣長もとよりこの『外傳』を、その關心の外に置くといふことのなかつたといふことは、『玉の小櫛』に「外傳といふ物などもあれど、ひたぶる儒者ごころのしわざにて、ものがたりのためには、さらに用なし」と、てきびしい批判を下してゐるにても知ることができる。宣長と蕃山と、兩者の源氏に寄せる關心はこのやうに一致するところがない。

蕃山は岡山致仕後は京に出て宮廷文化に接し、雅樂を學び琵琶や琴、笛に親しんだその體驗から、文學へと傾斜して行つたのである。『源氏外傳』はかうした王朝的なものへの沈潛から生まれたのである。この蕃山の文學觀を窺はしめるものとして、彼には『詩經』の周南・召南についての、別しての高い評價と珍重といふことがある。『論語』の陽貨篇第十七、

子謂二伯魚一曰、女爲《マネビタル》二周南召南一矣乎《カ》、人而不レ爲《ルハ》二周南召南一、其猶《キ》二正牆レ面《ヲ》而立一也與《カ》。

に註して蕃山がかういつてゐるところがある。

二南の風は人情の正を得て盛德至善なる者也。故に二南の心をしらざる者は理明かならず、道行はれず、牆に向て立てるがごとし。志高き者は道の大意を見といへども、人情にうときことあり。見識卑き者は人情に近しといへども、道を不知ば正を不得。或は人情に疎く、或は人情の正を不得者は、共に、人道を盡すべからず。齊家治國平天下の道にあらず、正心修身の實學にあらず。故に二南を學ぶ者は、正心修身より齊家治國平天下に至まで、通ぜずと言ことなし、（『論語小解』）

宮崎道生氏によれば、この『論語小解』は『外傳』より遲れて、蕃山六十一歲の延寶七年頃の撰といはれる。

人情の正を得ずば盛德至善にはこれ遠く、周南・召南の二南の心を得ることはできない。人情の正を得れば正心修身より齊家治國平天下に至るまで、通ぜずといふことなしといふのである。蕃山の文學研究は文學の自律性を認めてのことではなく、文學を以て政治道德に奉仕すべきもの、文學は政治道德に役立つもの、とこのやうにうけとつてゐたのである。

また蕃山の『女子訓』卷第二は「召南之解」をもつ。この解では彼のさうした文學論の一端を披露

して、かう言つてゐる。「二南をみれば直に聖代に逢が如し、源氏物語をみれば王代の古風と共に遊べるが如し」。それといふのも「源氏は和國の風俗人情をいひ、古代の質素の風をあらはし、禮樂を傳ふる書也」であるからである。わが王道の長久なるは禮樂文章を失はずして、俗におちざるを以てであるとこのやうに思ふところから、蕃山はことのほか音樂の習得に出精するのであり、絲竹の遊びは君子のわざ、管絃のあそびをしらざれば源氏物語の禮正しくゆるやかに、樂これに和する優なるてい、男女ともに上臈しく、雅樂をたのしみていやらしからぬ心もちひを、わが心に領受することはできぬのみならず、ひいては源氏は好色の書、といふ低次元の理解にとどまつてしまふ、といふのが蕃山の『源氏物語』についての評價なのである。

源氏物語は好色を釣いとにして、上古の遺風を殘せり。（『源氏外傳』巻下・榊）

されば此物語なくば、いかでか上世王者の遺風をあふぎ知らんや。（同巻上）

すなはち蕃山にあつては文學についての獨自の意義は、その考慮の域内には存することなく、ひたすらに上古の遺風、上臈の美風を求めようとしたのである。古の禮樂文章である。禮樂文章をはづしては、人はいたづらに凡情に流るるのみと、このやうに心得てゐたのである。

このやうに見てくると、かつて一條兼良がその『花鳥餘情』には、『源氏物語』は式部の父藤原爲時が六國史を書き繼がうとして遺した草稿を、式部が傳承してこれを『源氏物語』に書き直したのであるといふ言ひつたへを記してゐるが、この傳說も上古の遺風、上臈の美風といふ觀點に卽してみれば、あながちに無稽の流傳として貶すべきものではないであらう。蕃山のかうした見解に組みするならば、蕃山は蕃山なりに『源氏物語』の特色その意義を、捉へてゐるところがあつたやうに思はれてくるのである。

『源氏外傳』が、

此物語りは自然と人の好める好色をつり絲にして、普く世の人にもてあそばしめ、明君の興り給はむ時まで殘しとどめんの志なり、されば此物語なくば、いかでか上世王者の遺風をあふぎ知らんや。（巻之上）

とこのやうに言つて、そのむかし順徳院が此の物語を日本の至寶と記し置給へるも、かかるわけからなのであり、かつまたこの物語がその至寶たる所以は、すべて禮樂の道に達せざる中人以下の人にとつては、遺憾ながらその深意はこれを知ることはできない、といふのである。これといふのも樂を好み樂を愛し、みづから樂の演練に勵んだといふさうした體驗に裏うちされた言辭にほかならない。文學はさうした上臈の美風に參じ、これに直接するがためには最もよろしき手つづきにほかならぬと、蕃山はみてゐたのであり、文學それ自體のもつ價値については、その認識の外にあつたのである。蕃山は『源氏物語』の眞の意義は、

人情事變をしらざらむも口おしければ、教へんために此物語をあらはして、女の上の事變をつくし、心もちひをさまざま教たるなり、一部の趣意皆女を戒むるに有り。（『外傳』巻之下・螢）

とこのやうに言つて、「女のうへ第一の守りは嫉妬にあり、」とするのであつた。

されば『源氏物語』は、「好色をかきたるを、たはむれごととせるは違へり」、これが蕃山の『源氏物語』につき見るところ、このことは、宣長のいふところの、「かへすがへす言ふ如く、物のあはれをむねと書けるものにて」(『玉の小櫛』)、あはれの深きこと戀にまさるはなきが故、殊にその筋を多くしたのが『源氏物語』であるといふ見解とは、その逕庭するところはきはめて大きく、宣長の文學についての感覺は、その當初から蕃山その上の人にはなかつた。『源氏外傳』を宣長が「いふにたらず、何事もたた己が心にまかせていひたる物也」と、きびしく批判するのもこのためなのである。そのころは「源氏物語の詞をかりて、おのがいはまほしきことを、心にまかせていへる物也。其いへる趣、儒者なればから國の風にて、御國の事には逢かたき事多く、此人才智のみ人にすくれて、學問はよろしからず、皇國の古への事、又道の趣なといへる、みな甚みだりなることのみ」といふ。これすなはち『本居宣長隨筆』にみるところである。

以上、蕃山にとりては「もののあはれ」とは、自己からすれば對象的、客觀的にあるものとして、これをどこまでも己が心にひきあてようとはしないのである。宣長にあつてはこの「もののあはれをしる」といふ、その心のうごき、そのはたらきを文學の第一義としてゐたといふ違ひがある。眞理とは對象それ自體におけるもの、ontisch なものであり、この眞をば蕃山が求めたものであるとするならば、宣長のそれは「もののあはれをしる」といふところに、その關心を集注せしめてゐたのであつて、「もののあはれ」といふそれ自體の存在が、宣長がその關心するそのとき、そのところであり、宣長その人の心を内から衝き動かし、その心に語りかけてくる存在論的 ontologisch な眞としてそれはあつた、といふことなのである。

およそ眞理といふものは、認識論的にいつて、我が對象的にこれを見、これを把捉するものであるとすれば、それは我に對してはどこまでも他者であり、二人稱としての汝の上にのみとどまるのである。ところが、人の世にあつては、我に對する汝が我を喚び起し、我が魂を衝き動かすものとなることがあるのであつて、そのときその場にあつては、外なるものは内なるもの、内なるものが外なるものへと轉成し、それによりて一味なる事實を體認することとなるのである。これが「もののあはれをしる」であり、そこでは幽なるものが顯にと傳じて「事のこころをしる」といふこととなるのでなければならない。眞理はそれ自體に於ける存在ではなくして、我が我に於けるところの存在となり、顯となり實となるといふそのところに、意味があるとするのである。「もののあはれ」とは「もののあはれをしる」といふはたらき Leistung を通してはじめて、「もののあはれ」はその實を得るといふことになるのである。

かうした關係は自然科學的、物理學的眞理にあつてもまた同樣であつて、人が人の精神のはたらきを以てそれを眞理と認め、人がそれに關與することとあつてはじめて、その眞理が眞理としての意義を發し實となるのである。自然科學的・物理學的眞理も人が人のはたらきをもち、これを眞理と認めることなくしては、萬古にわたりその眞理は眞理であるといふことにはならないのである。ニュートンなしには、林檎はただただいつまでも地上に落ちつづけるのみなのである。

三、藤　樹

歴史は單に存在するものとして在るのではない。歴史とはいはば吾人の外に客觀的・對象的に ontisch に存在するものではない。吾人が心につねに喚びかけてくるものなのである。その意味でそれは超越的なもの、イデー的なものであるとこのやうにいつてよい。この超越的・イデー的なものが吾人の心にまで媒介され、このイデー的なものが眞に吾人にとり內在的なものとなるそのところに、人は存在論的に、すなはち ontologisch に言つて、人となつたといふのである。ここではじめて我は眞にわれとなつた、とこのやうにいふことができるのである。作曲家は樂譜の上で音を作り出してゐるのではない。この世の中のどこかにまたどこからか聞こえてくる音その音に、自分が近づいていくことである。さうした音に出會ふことにより音との對話が始まり、その音の中に自分が入つていつて、自分も變つていくのである、とこのやうに作曲家三善晃氏は申されてゐた。このほど尾高賞を受賞した管絃樂「焉歌　波摘み」は、かうして生まれたのであるといふ。（「每日新聞」一一・五・一八）

宣長の『古事記傳』は、『古事記』冒頭の「天地初發之時、於高天原成神名」云々とあるこの條、「さて那流《ナル》と云フ言に三ツの別あり」といつて、那流とは一には無かりし物生《ナ》り出るを云ふ、二には此物のかはりて彼の物に變化《ナル》を云ふと申したあと、三には作事《ナスコト》の成終《ナリヲハ》るを云ふ、とこのやうに考察のあとを述べるのである。作《な》すことの成り終るとは、いふまでもない、完成を意味する。『日本書紀』の寶劔出現章第一の一書に、大己貴命と少彦名命との對談が見える。吾等造れる國ははたして善く成れりと謂へるかといふ問ひかけに、少彦名命は「或るは成れる所有り、或は成らざる所有り」と對へ申したといふのである。成れる所有り、成らざる所有りとは、完成した所もあれば、なほいまだしき所有りといふ自省と自督の言にほかならない。成るとは完成を意味するとすれば、外の超越的イデー的なるものの媒介を得て、この超越的なもの、イデー的なものが、吾人が内なるものに轉成を見るといふことこれであり、そのことはすなはち、吾人が吾人として完成を見るといふことなのである。

永平の道元は二歳のとき父の久我通親を喪ひ、八歳にして母の歿に會ふ。『傳光錄』によれば高雄寺にて香煙のたち上るを見て、生滅無常を悟り發心したといふ。中江藤樹はその十一歳のとき、天子より庶人に至るまで、一に是れ修身を以て本と爲すとあるに感動し、聖人は豈に學んで至るべからざらんやと嘆じた。その『藤樹先生年譜』の語るところである。生死は事大、無常は迅速といふ事實そのものが幼き道元に語りかけ來るものあり、かうした人生の一大事を以てその課題として心の負荷としたところに、道元は一生參學の大事の因緣を身に體することとなつたのであり、「佛祖は心身如一なるが故に、一句兩句皆佛祖の暖かなる心身なり、かの心身來りて我が身心を道得す、正當道取時、これ道得きたりてわが身心を道取するなり、」（『正法眼藏・行持』）といつて、かくて道元は自己を見つめぬいて、自己を完成して道元その人となつたのである。

藤樹の享年は四十一、慶安元年の八月卒去であるからその三十九歳の撰とされる『論語解』は、その到達し得た最もの深みを窺ふことのできる著作である。藤樹は『論語』の里仁篇「參乎、吾道一以貫之」にかういふ義解を施す。「天地萬物皆道ノ流行ニシテ、毫髪モ他物ノ雜ハリナシ、故ニ一以貫之ト云リ、此道卽自然ニ通達ス。道有テ後ニ通ズルニ非ズ、又道ヲ以テ通ズルニ非ズ。故ニ一ヲ以テト不謂シテ、一以ト云リ」、この「一以貫之」の嚴たる體認と自證、ここに藤樹がよく藤樹としての完成を見るに至らしめる契機があつたのである。「以一貫之」ではなく、「一以貫之」をその表詮の通りに己證し得たといふそのところに、藤樹が藤樹たる所以があるのである。幸田露伴博士はこの條「天下の人共に化育の中に包函せられ、中和を致して天地位し萬物育す」（『一貫章義』）と、藤樹の體認するところをこのやうに把握し、言ひ表はすことがあつたのである。

以上「もののあはれ」についてこれを攷へ、「もののあはれをしる」といふこととの關係を追うてここに至り、喚びかけてくる對象的世界、この喚びかけにさうして應ずる人の主體性の意義につき、このやうにこれを追ひこれを思つてきたその道筋は、歷史といふもののもつ本來的なる構造的契機を明らめる、といふことにも通ずるものがあるやうに思ふからである。

ここに至りレオポルド・フォン・ランケがいふやうに、本來それはいかにあつたかといふことの探究は、いかにも歴史の學の本義に卽するものではあるが、同時ここに、ランケ史學にいみじくも缺落するところの、すなはちランケ史學の見おとしてきたところの、知識としての文學典籍の學が文學典籍の學を超えて、人をしてよく據つて以て立つことを得しめる信條と、その歴史の學たらしめてゐるものがあることを思はざるを得ないのである。

藤樹の學とその人については昭和十五年、これ以上に整備するは困難とも許せられ高い評價をうけた『中江藤樹全集』全五册が、岩波書店から出版されたのみならず、この全集編纂者のひとり加藤盛一博士（広島文理科大學教授）の精緻な校合と補註とを以て、岩波文庫には藤樹の『翁問答』幷に『鑑草』とが收められ、同じ編纂者のひとり高橋俊乘氏は自身で『中江藤樹』を出版なされ、また幸田露伴博士には文部省教學局の依賴から『一貫章義』を上梓、藤樹の四十一歳を以てするところのあまりにも早きその死去を悼み、かつは藤樹の到達し得てゐたところの深さを推し測り、その學問思想の深みをば世に推重なされたのであつた。本書の著者また先年、藤樹學冥々のはたらきと深みとに心ひかれたところからか、神道學關係の研究機關の紀要に拙い迂攷を發表したところ、これまでは藤樹その人その學問思想は斷片的にのみ知られたるにすぎぬところを云々と、好意のある批判をいただいたのであつた。筆者の學問それ自體もとより淺々であることは云ふまでもないとしても、藤樹その人の著作思索のあと、その深み、そのあたたかさがよくは知られてゐないといふ記述の書評は、本書の著者の多少なりとも意外とするところであつた。

藤樹は「孝」を以て宇宙成立の根本的原理とし、人生の立つを得るは偏にこれ孝によるとし、人間の營みはもとこれこの孝を以て明德佛性の良知にあるのであるといふ。すなはちこれ宗教的な敬虔の情そのものの自己展開といつてよい。神儒佛のそれぞれをもとよりそれ隔別なものとしてはならない。三はそれぞれに融卽して一なるものにほかならないといふ了得と理解の上に立つのである。敲けば大きく響くのが藤樹その人の學であり、思考の掘り下げであるといつてよい。

精神史研究法の反省

序

美術や文學の世界といへば、それは總じて「觀られた世界」であつて、「觀るもの」の問題については一般に關心するところが十分ではないやうに、ひそかに思つてきてゐる。以上のやうに言つては先賢先學には失禮ではあるが、およそ觀られる世界それ自體の中に入り込んで行かなければ、そこには全面的な世界といふものは現はれては來ないのではあるまいか。觀るものそれ自身が觀られるものの中に自己を投げ入れて、觀るもののはたらきとして觀るといふことになつて始めて、本當の世界といふものがそこに觀られるやうになるのではないか、といふのが筆者の考へ方なのである。幽が顯になるといふことなのである。顯は幽とひとつゞきであるといふことなのである。題して「精神史の方法」といつたのは、精神史の理解とその研究の樞軸はこゝに在ると思ふが故である。

一、繪卷物

日本の繪卷物の特色の一つとして、仰觀圖法ではなく好んで鳥瞰圖手法が採られてきた、といふことが擧げられる。仰觀圖法の畫題として最も恰好であると思はれるものに『信貴山緣起繪卷』の第三段尼公の卷がある。信貴山の命蓮は東大寺で受戒のあと鄉里の信濃に戻ることなきため、姉の尼公が再會を念じて旅をかさね、はるばる大和に入る。奈良坂を越えれば東大寺大佛殿の威容は眼を壓する。このときの大佛殿は治承四年平重衡の兵火に罹る以前のそれであるから、その壯大さはそれこそ眼をみはるものがあつたであらう。十一間七面、大棟の高さは壇上十五丈六尺。姉の尼公は大佛殿に參じ、本尊の夢告を得て命蓮の居所を知る。この場面の圖樣、本尊と大佛殿の威容は畫面にこれを收めるにはあまりにも大きく、これに較べて佛前に手を合はせる尼公はまこと小さい。翌朝佛殿を立ち去る尼公、本殿の扉は見上げるばかり高く畫面からは、はみでてゐる。石階を降りて信貴山にむけ杖をひく尼公の小さな姿、いづれも仰觀圖の手法にまことふさはしいにもかゝはらず、こゝではむしろ鳥瞰圖法をとつてゐる。仰觀圖手法がこのやうに避けられて、鳥瞰圖法が畫家の好尙となる所以のものについては、一般に素材の絹または用紙に關はるところが大きい、といはれてゐる。絹または紙の上では描くべき對象のもつ遠近性やその深淺性、さらには重疊性をば、色調を重ねて表現するには技術的に困難であるに對し、鳥瞰圖法によるときは、高きところから下方に視線を移すことになるので、事物は重なることなく遠きものは畫面に高く、近きものは眼下に低くこれを表はすことができるやうになるといふところから、鳥瞰圖法で收めきれない奥行きは、畫面を觀るものの心の中で、一つの解釋としてうけとられ、納得され理解されることとなるのである。繪畫の鳥瞰圖手法はこの意味に於て遠近法の否定であり、無視につながる。かうした鳥瞰手法は繪巻物に於ける風景描寫にあつては、最も一般的且つ自明な手法として馴染まれ、對象の存在を畫面に描くときは隔別にその理由を問ふといふことはなかつた。けだし繪巻物の鑑賞は室内に坐し机上に心静かに右から左へと繰りひろげ、巻き收めるのであり、そのときの視線は上方から下方へとおろすのであるから、おのづと鳥瞰の型をとるといふことになる。このやうに繪巻の觀照は兩手を以て左で繰り披げ、右手で巻きおさめて視線は自由に動かすのであるから、觀照者は恰も空を飛翔する鳥の視線をもつこととなる。されば遠近法の無視乃至は否定といふことは、享受者の意識には總じてのぼることがなかつた、と言つてよいであらう。

しからば對象のもつ遠近の距離感は、わが國びとには古來その意識に稀薄であつたのであらうか。百濟の阿佐太子筆と傳へる御物聖德太子畫像がある。われわれの馴染みの深いこの畫像である。中央には聖德太子が大きく描かれ、その左右に太子の御弟殖栗王と御子山背王とが侍立する。三尊佛形式の圖樣であるがその描寫は極めて平面的、三者の立つ位置の前後感は畫匠の意識には十分にのぼらなかつたに等しい。玉蟲厨子須彌座の圖樣は捨身飼虎、施身聞偈の佛本生譚を、その展開に卽してこれを追ふので、いはゞ繪巻物の原型と見做すことができる。しかし畫匠の視座は地上ならざる谷や崖の上や中腹に位置をしめるが故に、遠近法はこれを避け、素朴な鳥瞰手法を採つてゐる。このやうにみてくると遠近法はわが上代の繪畫史にあつては、馴染みの薄い畫法であつたやうにも思はれる。

ところで平成元年十月、奈良市法華寺町の奈良朝の左大臣長屋王邸址から、天平八年から十年にかけての記載をもつ木簡と共に、八世紀前半にあたると思はれる日本最古の山水畫が發見された。奈良國立文化財研究所が名づけるところの「樓閣山水畫」がそれで、縦六十二糎、横十一糎、厚さ八粍の檜の薄板に二重の樓閣のほか、建造物五棟とこれに塀と門とを配し、背後には瀧しぶきをあげて流れ落ちる岩肌が、皴法畫法で突兀とした立體感を以て描かれてゐたのであるが、別して關係者の眼をひいたのはその墨畫、斜めの角度をもて覗きこむやうな鳥瞰手法を採り、遠近法を驅使して成功を見せてゐるといふことであつた。すなはち遠近法といふ手法はこの「樓閣山水畫」の描かれたときすでに、畫匠の知悉し、自由な筆致で描きあげることができたのであつて、おそらく漢土の南北朝時代から傳來してゐた山水畫の遠近法を、奈良の佛師たちが練習的であるにせよ、これを十分に自己の手法としてゐたことが窺はれるといふのが、このときの調査關係者の所見であつた。（平成元・十・十九、毎日、日本經濟新聞）

ところで教王護國寺に傳へる龍猛像・龍智像の牀座は、奥が廣く手前が狹く描かれてゐる。遠近法が逆なのである。矢代幸雄氏はこのことを次のやうに解釋して、この畫像を享受する心意にあつては、この逆遠近法が妥當性をもつてゐたと說いたのである。すなはちこの坐像は透視畫法的には不合理ではあるが、

畫面效果から言へば、實はさうでなくてはならないところに、藝術的意義がある。大人物の重厚なる體軀は斯くの如き線の構成に取圍まれて、初めて牀上にどつかりと坐して宇宙に擴がつたかの威容を持つ。若しそれと反對に、牀座が先すぼまりの正確なる遠近法を以て描かれたとしたな

らば、畫面は窮屈に縮まつて見えて、決して大人物の高壯なる風格を感ぜしめないであらう。とこのやうに申され、こゝに採られてゐる透視畫法的には、不合理な畫法については、さらに一歩突きこんだ說明が要請されるとして、次のやうな見解を披露されたのである。そのとき舊制國立大學で氏の講筵に侍してゐた筆者にとつては、それこそ大きな感動であり、示唆であつた。

透視畫法卽ち一つの眼による透視畫法に於ては、牀座の先擴がりは不合理になるが、人間の二つの眼による透視畫法に於ては、高僧の坐る牀座は却つて、奥がより廣く見える可き心理的根據を持つ。この心理的根據が敏感に捕へられ、藝術的に微妙に誇張されて、斯る牀座の描き方になつたと思はれる。（『日本美術の特質』第三編第一章「遠近法の問題」昭和十八）

すなはち人間は二つの眼をもつものである。このことたる、いかにも奇嬌に聞こえるけれどもしかし、主題を能ふかぎり立派に印象づけんがためには、人はもう一つの眼をはたらかせるのである。そしてそのとき、こゝに逆の遠近法の成立を見ることとなると矢代氏は言ふのである。藝術により創造せられる美的世界の調和乃至は律動とは、自然の客觀的世界に相對した人間が、その意識面に自覺され直感されるところのものを通して、客觀的世界に修正と變容とを加へることにより、より眞なるもの、より美なるものを見出し、實にして虛なる、また虛にして實なる美を發見し、かつ創造するのである。人間がもつところの性質もはたらきも異にする二つの眼、といふ斯うした考へ方は、當時の稚い筆者には正に頂門の一箴であつた。これが卽ち逆遠近法の手法の根據であり、美學にいふところの藝術的許容といふものなのである。ベルクソンにかういふ言がある。

我々が自然に氣づかないものを正しく見て、且つ我々に見させるはたらきを持つた人々が出てゐる。それは藝術家であります。（「變化の知覺」、『思想と動くもの』所收、河野與一譯、岩波文庫）

またかうも言つてゐる。

藝術の目指すところは、自然の中でも精神の中でも、我々の外でも我々の內でも、明白に我々の感覺や意識を打つものを示す以外に何がありますか。（同上）

藝術作品を受け容れて感嘆するといふのは、それが示すものを何處かで我々が既に知覺したことがある、といふことに氣づくからである。これといふのもそれは既に前もつて知覺したことがあるけれども、そのときはそれを十分には意識してゐない、或は意識できなかつたといふところから發するのである。すでに吾人が經驗と意識との底に在るものを、それと氣づかしめ、吾人が意識と自覺にまでそれを媒介せしめるといふところに、藝術の美的表現の意義があると、このやうにベルクソンはいふのである。

そこでかうした觀點をわが視座の根柢に据ゑつけるそのとき、たとへばわが王朝繪卷物が好んで採り用ひた逆の遠近手法の、そのもつ情緒的精神的な意義が、闡らかになるやに思はれるのである。繪卷物は一般に言つて表紙の端に短册形の外題をもち、次いで詞書と繪とを交互にあらはしめ、我にあつては例外なく詞前畫後、漢土のそれは畫前詞後が多い。かうして時間と空間との展開を追ふのを本義とする。さうした範型としては濃彩の作り繪樣式の最も完成した作品『源氏物語繪卷』が擧げられる。その詞書の筆跡はどこまでも流麗、これに相和するは幾重にもかけられた繪の具、その配色と色調のアクセント、かくて形成された畫面は彩色の境界や形は、線のかきおこしでとりまとめ、しかもその線には動性も量感も淺々と感ぜしめるにとゞまり、情趣はどこまでも靜謐のうちに優雅に展開せしめるのである。そこに時間を超えた物のあはれをさそふ浪曼的な美感をたゞよはせ、登場人物のふくよかな下《しも》ふくれの顏だちと相俟つ引目と鉤鼻、吹拔屋臺である。建て物の內部に展開される情緒を鳥瞰的に求めようとするそのときには、屋根も天井も視線を遮へぎり、これを追ふことができない。そこでこれらすべてを取り拂ふ。これが吹拔屋臺といふ形式である。繪卷物獨自の手法である。かうした手法をとることにより、屋內のいくつかの室を同時に鳥瞰する自由を得ることとなる。しかもこの手法、すべて奧行きが深く擴がり、手前が淺く狹いといふ逆の遠近法となるのである。透視畫法は物象の客觀的合理的な表現となり、描き手はその視座がそのために繪の外に置かれることとなる。ところが逆の遠近法にあつてはその視座は描かれるものそれ自體の上に、上にといふのでは適切でないとすれば、描かれる對象の人物乃至は客觀的に措定されてゐる敍景そのものの心の裡に求められる、といふことになるのである。このやうにうけとめるそのとき、屋根をとり拂ひ室の中を覗き見るものは、その心に抱くところの、奧ひろがりの線を以て構成される吹拔屋臺の構圖のもつ不思議さは解消され、そのもつ合理性が納得されることとなる。吹拔屋臺は畫面の內にわが身心を投げ入れ、投げ入

れた畫面の內側から外を眺め出したそのときの視線の動きにほかならないのである。道元の『正法眼藏・生死』にいふ、

いとふことなく、したふことなき、このときはじめて佛のこゝろにゐる。ただし心をもてはかることなかれ。ことばをもていふことなかれ。ただわが身をも心をもはなちわすれて、佛のいへになげいれて、佛のかたよりおこなはれて、これにしたがひもてゆくとき、ちからをもいれず、こころをもつひやさずして、生死をはなれて佛となる。たれの人かこころにとどこほるべき。

が端的にここで言ふところの吹抜屋臺の心の論理なのである。畫面そのものの裡にわが心を投げ入れるそのとき、畫面の方よりおこなはれてくるところのもの、これがとりも直さず對象的世界そのものがもつ心であり、物のあはれとはかういふ心のひとつの表象なのである。

『源氏物語繪巻』の御法の帖、秋の夕暮、病み衰へた紫の上を源氏が見舞ふ。紫の上はやがて露と消えねばならぬわが上を哀しみ、源氏は紫の上と今生の別れを歎きあひ、互に歌を詠みあひ哀しみを頒ちあふ場面である。折しも庭には秋草のさびしげに咲くを、畫面の左り手に配する。秋は深い、しかも夕暮といふ設定である。哀別離苦の哀しみに身うたれ心碎け、いかにともするすべなき人の世の悲哀が、ひしひしと傳はつてくる畫面である。二人は言葉にはならぬ言葉をば胸のうちに互に嚙みしめあつてゐる。かうした愁嘆を語るのが庭にまばらに咲く秋草なのである。色彩も心して抑へられてゐる。この場面、この情憬から秋草をばはづすことはできない。紫の上の思ひのすべてはこの秋草に

託され、秋草が語りつくしてゐるといつてよい。この場面、菊花錦繡の庭であつてはならない。

また同じ繪巻柏木の第三段、源氏は女三の宮と今はなき柏木との間の罪の子薫を抱きしめ、その出生の祕めごとを全く知るなき無心の小さな薫の花顔をのぞきこむ源氏の姿勢は、不自然なまでに前屈し、その思ひ入れの深さを思はせるものあり、されば別してことさらに源氏を大きく描くのである。薫を抱く源氏はこの不幸の現實も畢竟するに、己が若き日のあやまちが因となり縁となつてのことであるかと、心苛《さいな》まれ胸つぶれ、はたまた先つ頃死去した柏木の上との、これまでの數々の思ひ出がとび交ひみだれとび、心は千々に砕けるのである。このときの源氏は白樂天の自嘲詩「五十八翁、方さに後有り、靜かに思ひて喜ぶに堪へたり、また嗟《なげ》くに堪へたり、嗟くに盃を持して祝願するに他語無し」を口すさみ、「愼みて頑愚なること、汝の爺《ちゝ》に似るなかれ」の一節を心に誦してゐるのである。白氏は齡五十にして始めて男子をもうけたといふ。そこで「靜思堪喜、亦堪嗟」とわが身の上に思ひを致したのであるが、紫式部の『源氏物語』の本文では、このとき「喜ぶに堪へたり」といふ文辭をことさらに省き去り、この日源氏がこゝに訪れたのはほかでもない、女三の宮の生兒五十日の祝儀であればではないかといふので、涙をおしのごひ「しづかに思ひてなげくにたへたり」と言はしめた紫女の筆は冴えて、源氏の胸の襞の奥の奥までを覗きこみ、その心事に立ち入つてゐるのである。白氏の自嘲詩には「愼みて頑愚、汝の爺に似る勿かれ」とある。この詩を『源氏物語』本文に採り入れた紫女の筆、このとき源氏はその抱きしめた稚子の面ざしが、實父柏木に似たるあるを覺えたが故に、

『湖月抄』は源氏が心には「汝が父柏木に似ること勿かれと、おぼしけんかしと也」とこのやうに推し測るのである。斯うした源氏の思ひ入れが繪卷では不自然なまでの姿勢をとらしめ、薫の面ざしを抱きしめる畫面構成となつてゐるのである。その思ひ入れの深さを表はすため、この場面、源氏の姿がことさらに大きく描き出されてゐるのであつて、そこで『湖月抄』はいふのである。「此書ざまこそ此物語の第一ともいふべきことなり」と。

『源氏物語繪卷』は、源語五十四帖第一ともいふべきこの場面をば逆の遠近法をとり、天井はすべて取り拂ひ、南向きの室には祝膳が用意されてゐる。かしづく乳母や女房たちの華やかな唐衣、女三の宮は几帳の蔭になつてゐる。源氏の口からは「愼みて汝の爺に似る勿れ」といはしめる。源氏の血を吐く呟きが畫面からかそけくも洩れ聞こえてくるものがあるのである。逆遠近法であるが故に、源氏の言葉にはつくすことのできない思ひのたけが、切實にもひしひしと傳はつてくるものがあるのである。合理的な透視畫法の手法では、斯うしたことは期待できぬであらう。

二、繪卷物の手法

以上、『源氏物語繪卷』柏木の第三段は、薫の五十日の祝儀に訪れた源氏が、女三の宮と柏木との間に出生を見た無心の薫を抱きしめての、内面の心理的葛藤の深刻さを描き、王朝ひとの好んだ繪空事は架空のものにはこれあらで、人生の眞を表現しきつたものとして、繪巻を享受する者の心の上に強くも訴へるものがあつたのである。こゝにまた吾人は『北野天神縁起繪巻』をもつてゐる。冤罪を天に訴へるため、束帯に身を包み威儀を正して、天拜山の山巓に立つ菅公の姿は、周圍の景に比してことのほか大きく、狹い山巓いつぱい、ほとほところげ落ちんばかり、かうした菅公の姿は虛にあらず、菅公の心事に卽するかぎりはどこまでも眞であり、實にはづれるものではない。描き手は菅公その人の上に自己を投げ込み投げ入れ、菅公その人の魂の語りかけてくるところのものを、彩管に托して表出したのである。さればこゝに描き出された菅公の別して大きな姿は、美學にいふ藝術的許容を超えた實なのであり、その實とは菅公の心事に同情し共感する心そのものなのであつて、菅公その人の上に通はせる心が、ことさらにおのづと山巓いつぱいに大きく描かしめることとなるのである。正岡子規が寫生俳句といふことを說いて、俳句とは事實をありのまゝに寫せといふものではない、事實の中から眞實を汲み出すことであるといつたのに、通ずるものがあるであらう。

およそ實のみを追ふならば、繪は繪とはならぬ。繪は實の模寫ではないからである。『天神縁起繪巻』に描く天拜山は、おそらくは畫匠の頭念のうちに觀念的な創造をめぐらして描いた、架空の山容ではない。現地に立つて天拜山を眼のあたりにし、菅公を欽仰景慕し公のために淚した者の寫生が、そのもとをなしてゐると思はれる。彼は菅公の心を描き出さんとしたのである。その冤なることを至心に天神に訴へるその血を吐く聲を、耳にすることができたのである。およそありしがまゝに再生せしめるのが歴史の心ではない。實を超えた眞を求め、對象とする人の心になつて見且つ考へる、といふことでなければならぬ。さきに見るところの吹拔屋臺の逆遠近法は、光源氏の內なる心の視線のはたらきを以てする透視圖にほかならない。描き手は源氏の心になりきつてゐるのである。いはゞ源氏の主體的自我は描き手の自我であり、描き手は對象の外皮を貫いて源氏の君の苦惱を捉へ、その魂を捉へきつてゐるのである。見る自己と見られる自己とが一つになつての直觀なのである。主觀卽對象、對象卽主觀となつての、人の世における悲しくもまたきびしい事實の追求なのである。

そのむかし佛光禪師祖元が蒙古兵のため首を斬られんとしたそのとき、電光影裏斬春風と偈を頌したので、蒙古兵これに感じ入り謝して去つたといふところに、禪師の禪師たる所以がある。この偈、はたしてかかる場での實際であつたか、といふ考證は、考證それ自體の意義は否定すべきではないが、同時にかうした考證は必ずしも佛光禪師の眞はこれを明かにする所以にはならない。『源氏物語繪卷』の逆遠近法、さらには柏木の段の不自然な源氏の姿勢、周圍の敍景に比しあまりにも大きにすぎた天拜山巓の菅公、いづれも實に卽しつゝ實を超えた眞を求めてゐるのである。描き手の心は道元がその『正法眼藏・生死』の巻にいふやうに、描き出さうとする對象の心の裡にとび入り、對象それ自體からおこなはれてくるところのものに、目をこらし耳を傾けて眞を描いたのである。繪の主體はどこまでも畫匠にはあらで、光源氏であり菅公その人なのである。

三、信貴山縁起繪卷

吾人はまた暢達な墨線を驅使して活動的な畫面を展開する『信貴山縁起繪卷』を、今に傳へてゐる。『源氏物語繪卷』と竝ぶ王朝繪卷物の雙璧である。この繪卷、必ずしも引目鉤鼻といふ繪卷物特有の常套的な手法を墨守しない、新機軸を出さうとしてゐる。この繪卷の特色は『源氏物語繪卷』が靜的な世界を描くに對し、次々と登場する場面の活動性にあり、上卷飛倉の卷の段に於てとりわけ著しい。信貴山の沙彌命蓮の鉢が麓の長者の米倉をもちあげ、輕々と山の沙彌がもとに搬ぶのである。この不思議な光景に愕き騷然たる長者の家では、左手をあげて叫ぶ下男あり、裸足で逃げまどふ女たちあり、舞ひあがる倉を追ひかける男女、珠數を揉み揉み法力で祈りとゞめようとする僧侶、その姿勢はさまざま、人々の視線はすべてこの飛倉の上に集中してゐるだけに、臨場感ひとしほなるものがある。およそ奇異であり、世の常ならぬものにより引き起こされるものが驚きである。この驚きは怪しみにも通ずる。それだけに畫面の人々は渾身のオーバー・アクションとなつてゐる。

かうした驚愕の情の表現のため、描き手は實際を無視するにいさゝかも躊躇するところがない。數珠を揉み手をひろげて祈る僧の手の指は六本、その左に叫び聲をあげてゐる女は六本の趾ゆびをもつ。まさに飛びあがらうとする倉をばおしとどめんと驅けつけてくる下男は、四本指のものもあれば六指の者もある。眼前現實の世界そのものが愕きなのである。描き手は世の常ならざる異變に直面したそのときの、人間の眞の驚きの情をただただ表現しつくしてゐる。そのためには實を破り實を超えるところがあつてもよい、またその方が自然であるとしてゐるのである。筆運びの勢で手指や趾ゆびが四本となり、六本となつたといふわけではない。實を超えた眞を、眞の根源を、實の背後にひそむ眞を追求してゐるのである。存在をその本質的形相に於て直觀するそのとき、人の「生」をばその本來の生動性にて直視することとなるのである。こゝに卽ち實を超え、實を包攝するところの眞そのものを見る、さういふこととなるのである。さきに見た『源氏物語繪巻』の柏木第三段での、薰を抱きしめて萬感の思ひをこめ、その顏をのぞきこむ源氏の極めて不自然な前屈みの姿勢、さらには天拜山巓をいつぱいに占め、いまにもころげ落ちんばかりに冤を訴へる菅公と同じ感覺や思考を、この飛倉の巻の繪に見るのである。實を超えた眞の探究である。かうした眞それ自體が美的眞にほかならない。

繪の對象は、描き手に所與として vorfinden されるものではないのである。描き手の心の内なる全體像として erfinden されるものなのであり、さうした描き手のすゝめるはたらきの Dynamik に於て beseelen されたものは、人の世の生きた事實として、精彩を帶びて眼前に表はされてくるのである。つまり内から發する精神的な能動性がはたらきかけてくることにより、始めて意識の内に精神的に抑揚をつけて浮かびあがるを見るところの美的世界の表出、これが記載に十分なまでの成功を見せてゐるのが、『信貴山緣起繪巻』上巻第一段の飛倉の巻にほかならない。

こゝにいふ精神的能動性とは別の言ひ方をすれば、描き手が對象の奥に祕めてゐる何かを捉へるといふことこれであり、ベルクソンのいふ肉眼視を超えた精神視 visioh de l'esprit なのである。魂の拍動を觸知し、精神が精神に、魂が魂に浸透し交通 verkehren するといふことなのである。これを可能にするのは描き手の直觀である。對象を内から觀るといふこと、共感である。この意味でベルクソンのいふやうに、藝術と形而上學との間には、相違はこれを認めることができない、といふこととなるのである。この精神視といふことについては、後段さらに言及するところがあるであらう。

㈠、目のひと　耳のひと

鈴木大拙博士の名著『淨土系思想論』の一節、博士は次のやうに申してをられる。

淨土と此土とは絶對に相反するものとして對立したものでありながら、しかも一如の世界にほかならない。淨土と此土とは相互に矛盾し對立するが故に、却つて互に映發の關係を有つ。淨土には娑婆の影が映り、此土を淨土は自らの中に抱きしめてゐるのである。(二一五頁)

このことは美術にあつても藝術にあつても、對象と制作する主體との相互の間には、同じやうに映發の關係に於てあるを見る。美術の對象は自然の情景であるにせよ、はたまた人の世のことであつたにせよ、對象に相對するところの制作者との關係は、どこまでも我に對する汝といふ關係にある。汝は彼の相對化であり、汝としての對象はこれを享受してこれを描き、これを表現しようとするその主體からすれば、制作主體が制作しようと思惟し意味するその以前に、與へられてゐるのである。自己の理念の客觀化といふことにほかならない。自己の理念の客觀化でなければ、製作者の意欲も關心も心のうちに湧き起る筈はない。その意味で人が感官の裡に把握し感得したものを、自己の精神の中に表象したものであり、自我の叡知的なるものを以てするところの、内的直觀の表明にはほかならないと言つてよい。對象と自我とは相互に對立するものでありながら、しかもかうした相互の關係にあつては、自我の心情は合目的々に自己を躍動せしめ、自己を維持せしめつゝ、それに對する自己の力をば強め、他を映し出すのである。構想力の直觀と言つたらよいであらう。單なる schauen ではない。そこで自らを内的に動かす關心や意志はほかでもない、美的理念の表出なのである。それを一般的には作風と言つてゐる。作風とは主體の根源であり、それ自身がいまだどこからも限定をうけることなきナマの根源的な主體性の、その自己原理とするところのものなのである。

雪舟の「破墨山水」と「山水長卷」とでは、作風著しく異にするものがあるとはいへ、紛ふことなく雪舟といふ人物のもつ根源的な主體性が、とりあげて對象に据ゑた世界を映發し、彼の全生命が畫面の上に客體的に投ぜられてゐるのである。この「山水長卷」には四季の變化が描きこまれてゐる。四季屏風の形を追つてゐるのである。四季の推移變化を同一畫面に壓縮し、これを表現しようとするといふことそれ自體、一般の形式論理からすれば、ある得べからざることでなければならぬ。然しながら制作する主體の心意にあつては、それは非合理を超えた合理なのである。春夏秋冬が短い時間のうちに入れ替はるといふ生を營むわが風土にあつては、まさに合理なのである。春は夏を映發し、秋は冬をうつし出してゐると見るのが、この風土のもとに生を享ける吾人にとつては、動かしがたき事實なのである。四季屛風は生の現實が醸し出す美的理念の直寫なのである。叡山横川の夕陽影が源信僧都をして彌陀來迎を感得せしめたといふのも、かういふわけからなのである。金戒光明寺の「山越阿彌陀如來圖」は、求道一徹の心の眞實の表出であるが故に、臨終の正念、中尊の彌陀の手の五色の絲をわが手にひきながら、人は永き眠りにつくことができたのである。この五色の絲は臨終の人にとつては虛構ではない、眞なのである。合理と非合理とを超えた超合理の心の論理のはたらきを、ここに見るのである。

およそ事象を見るといふことは、事象の陰影のうちに自らを體現するものを見るといふことであり、直觀のうちに直觀の光に照らし出される本質的なものを捉むといふことである。本質は外的存在であることはない。內在的な本質意識作風の相關者として、吾人の心に直接なる明證をもつてくるのである。意識の本質は意識みづからが、みづからを意識するといふところにある。心の眼である。フッセルの現象學でいふところの本質直觀である。斯うした己心の掘り下げを歌の上でいつたものに、『古今集序』がある。

やまとうたは人のこゝろをたねとして、よろづのことのはとぞなれりける。世中にある人、ことわざしげきものなれば、心にもおもふことを、見るものきくものにつけて、いひだせるなり。

歌とは自己の精神内部卽ちその根源的なる心を表出し、そのまゝに外に向つて訴へる。といふことである。うた《(歌)》はうつたへ《(訴)》である。人生の事實に於て自己の內面に見出されるもの、感得されたものの直截の表出が歌である。「歌は心ふかく姿きよげに、心にをかしきところあるをすぐれたり」と、藤原公任の『新撰髓腦』にはある。そこでは、もし心姿ともに相具することかたくば、まづ心をとるべしとある。姿よりも心を以て第一義とするのである。心の深さが品隲の第一に求められるところのものであつた。

鎌倉右大臣源實朝の歌がある。

雪ふかき山のあらしさえさえて　伊駒のたけに霰ふるらし　（『金槐集』）

こゝでは冴えかへる冬の寒さが、一瞬一瞬、身にひしひしとせまりくるあるを覺えしめられる。單なる敍景ではない。實朝の心の表出なのである。また、

比良のやま　山風さむみ《(き)》からさきの　鳰の湖つきぞこほれる

は、風のまつたく無い月明も氷る夜である。きびしくもわが身にひしひしと逼まりくる寒さが、深いしゞま、外には物おとひとつだにしない。幕府體制のうちに孤立してゐる實朝その人の上に、逼まりくる運命的なるものを、見透してゐるのかもしれない。彼は目をもつ人であり、耳をもつ人でもあつたのである。この歌は西行の、

風さえてよすればやがて氷りつゝ　かへる波なき志賀の唐崎　（『山家集』、冬）

に映發するものがある。月明おぼつかなき志賀の唐崎である。時は全く停止してしまひ、耳には氷の凍る音だけが、かそけくも聞こえくるあるのみ。幽玄ともいふべき情景である。

西行と實朝と、兩者の間にいかなる心的な結びつきをもつのか。こゝで少くともいふことのできるのは、實朝と西行と、共にすぐれた本質を見ぬく視覺の人であり、鋭い聽覺をはたらかせて事象の蔭になつてゐる幽の心をば捉へることのできる人であつた、といふことである。道元禪師のいふところの、わが身をも心をも放ちわすれて、佛の家に投げ入れ、佛のかたよりおこなはれて、これに從ひもてゆくことのできる人であつたといふことである。こゝでいふ佛とは佛教でいふ佛のことではない。內在する超越的なるものの體認と己證との、あやまたざる純粹意識の本質直觀といふことでなければならぬ。意識の本質がみづからを意識するといふことこそこれであり、意識の本質とは純粹なる體驗の形相を言ふのである。對象世界の觀照性を超えた直觀的な心的活動である。リップスのいふ美的感情移入といふことでは勿論ない。視覺と聽覺とを媒介することにより、對象との距離を一擧に止揚しつくし、內外相卽の、自律が他律であり、他律が同時に自律であるといふ、意識の無意識に於けるところの直觀なのである。

(二)、芭蕉と西行

芭蕉もまた耳をもつ人であり、目をもつ人であつた。蕉門の其角にはその手で撰つた『虛栗《みなしくり》』が

ある。天和三年蕉翁はみづからがその跋を與へてゐる。いふ、

> 李杜が心酒を嘗めて寒山が法粥を啜る、これに仍つてその句見るに遙にして聞くに遠し、侘びと風雅とその生《つね》にあらぬは、西行の山家をたづねて人の拾はぬ虚栗也、

李白杜甫の詩腸を探り西行の風雅をたづねることが、俳諧の本意とするところであるといふのである。また『柴門の辭』は、許六が江戸から歸郷するにあたつての餞で、蕉翁の文がある。

> 予が風雅は夏爐冬扇のごとし、衆にさかひて用ふる所なし、たゞ釋阿《（俊成）》西行のことばのみ、かりそめにいひ散らされしあだなるたはぶれごとも、哀なる處おほし、後鳥羽上皇の書かせ給ひしものにも、これらは歌に實ありて、しかもかなしびを添ふると、のたまひ侍りしとかや、されば此の御言葉を力とし、其の細き一すぢをたどり失ふ事なかれ、猶古人の跡を求めず、古人の求めたる所を求めよ、

よしんば衆にさかふことあるとも、俊成・西行の跡を慕ひ、風雅の實をこれ追ふのが蕉翁の心であつた、といふのである。弘法が『性靈集』に古迹に似たるを巧とはせず、古意に擬ふを以て善とすとあるに思ひを馳せ、後鳥羽院の御口傳のお言葉をたよりに、實ありてしかもかなしびを添ふる俊成と西行の歌を、心としようとするところに、風雅の核があり、ひろく言はれてゐるやうに、和歌にも連歌にもとりあげられなかつた美のひたむきなる求道求心が、蕉翁の心であつた。『しろさうし』に「我師は誠なきものに誠を備へ、永く世の先達となる」とある。蕉翁の風雅はさうした心の純一なる表出

なのである。

蕉翁貞享四年の『笈の小文』は『卯辰紀行』の名あり、『芳野紀行』ともいはれる。吉野に特別の思ひ入れが深い。西行を慕ひ西行を偲ぶの厚きが、直截に吐露されてゐるからである。こゝに彼の名高き蕉翁の言辭を見る。

西行の和歌に於ける、宗祇の連歌に於ける、雪舟の繪に於ける、利休が茶に於ける、其の貫通する物は一なり、しかも風雅におけるもの、造化に隨ひて四時を友とす、見る處花にあらずといふ事なし、思ふ所月にあらずといふ事なし。

蕉翁が問ひ求めるものはどこ迄も心なのである。そのむかし吉野に入つた西行を追ひ、蕉翁は吉野西行庵近くのとくとくの清水もて口を濡らす。

露とくとく　こゝろみに浮世すゝがばや

西行の「淺くともよしや又くむ人もあらし　我にことたる山の井の水」とその雅懷がひとつになつてゐる。潁原退藏氏は本歌として西行の歌と傳へる「とくとくと落つる岩間の苔清水　くみなす程もなきすまひ哉」を擧げてゐる。このときの蕉翁の感慨はおそらくは、「もしこれ扶桑に伯夷あらば、必ず口を漱がん、もしこれ許由に告げば、耳を洗はむ」であつたであらう。

西行庵の址は山深い吉野愛染の奥千本、蕉翁は秋の日すでに斜なれば、あまたの名どころを見殘したまゝ、いそぎ何はともあれと後醍醐天皇の塔ノ尾山陵を拜するのである。

御廟　年を經てしのぶは何を忍草

思ひ詰めたきびしいまでの切迫感、いかにしても拜せずにはゐられぬといふ心の昂《たかぶり》が熱く傳はってくる。西行の心には伯夷が心、許由が心が息づいて、蕉翁の感得し直觀したものの端的の表白となるのである。翁はまこと耳の人であり、目をもつ人であつたのである。

この塔ノ尾陵の句については、『野ざらし紀行』の甲子の歳より先立つ數年、伊勢の念納の句であるといふ。念納その人につき私は知るところはない。しかしもしこのことが實であるとすれば、蕉翁にはこの句が頭念にこびりつき、離れるといふことがなかつたのであらう。念納の目、念納の耳が、このときの蕉翁のそれであつたに違ひない。保田與重郎氏はかつてこのときの蕉翁の心を、「私には〝本歌とり〟よりさらに切迫《さしせま》つた形で、尊い心術と思はれる」とこのやうに言つてゐる。（「大いなる繪師――宗達と光琳」『琳派百圖』所收、別冊『太陽』、昭和四十九年）

貞享四年蕉翁は江戸を離れ、鄕里伊賀で年を迎へたそのあと、脚を伸ばして再び吉野の花をたづね、須磨明石にまで吟行の歩をすゝめた。『笈の小文』である。このたびもかさねてとくとくの清水を掬ぶ。西行景仰欽慕の心がさうさせたのである。

春雨の木下につたふ清水哉

花の吉野に三日とゞまる。このとき、

曙黄昏のけしきに向ひ、有明の月の哀なるさまなど心にせまり胸にみち、あるは攝政公(京極良經)のながめに奪はれ西行の枝折に迷ひ、かの貞室が是は是はと打ちなぐりたるに、我いはん言葉もなくて、いたづらに口を閉ぢたる、いと口惜し、思ひ立ちたる風情いかめしく侍れど、爰に至りて無興の事なり、

とある。無興とは蕉翁が心なほ淺々しくして、口を閉ぢざるを得ぬといふことのかこち聲である。無興とかこつその心には、西行の「吉野山こぞのしをりの道かへて　まだ見ぬ方の花をたづねむ」(『新古今』春上)が生き生きと息づくものがあつたのであらう。ついで翁は高野に登り、父と母の聲に耳をすませるのである。

ちゝは、のしきりにこひし雉の聲

がそれである。奥の院に至る幽邃なる山道での體驗であらうか。折からの雉の聲は父の聲母の聲とも聞こえてきたのである。雉は神のつかはしめであるとは、記紀のむかしからこのやうに考へられてきてゐた。蕉翁は耳の人であつた。

西行が求めたところを蕉翁、ひたすらにこれを追ふのである。西行には人口に膾炙する「何ごとのおほしますかは知らねども　かたじけなさに涙こぼるゝ」がある。蕉翁はその心を「伊勢神法樂」と詞書してかういふ、

何の木の花ともしらず匂ひかな、

と。また西行を偲んで「菩提山」と詞書した一句

此の山のかなしさ告げよ　野老掘《ところ》

がある。西行は伊勢の朝熊山の西の尾、むかしの神宮寺のあたりをたづね、この寺の上人の房にあつての對月述懐として、

めぐりあはで雲のよそにはなりぬとも　月になりゆくむつび忘るな（『山家集』秋）

と詠んだ。蕉翁の心には、この『山家集』歌が深くしみつくものがあつたのである。『異本山家集』にはこの下の句「月になりゆく」を「月に馴れゆく」とある。この方がわかりやすい。この菩提山は蕉翁の頃にはむかしの俤さらになく、もはやさびしい山寺にすぎなかつた。そこから去りもあへず蕉翁は、心得もない山中の野老掘りの里人に向つて、むかしを語れよかしと腸をしぼるのである。蕉翁の胸中、數百年の時の經過は一瞬のうちに驅けめぐる。さうした哀しみ、胸の痛みをすべてこの十七の文字に托してゐるのである（平泉澄博士『芭蕉の俤』所收「韓退之」）。

これは『奥の細道』、蕉翁は荒漠の那須野をわたる。西行の歌を追つて、その名も高い柳をたづねた。西行の歌とは「道の邊に清水流るる柳かげ　しばしとてこそ立ちとまりつれ」（『新古今』夏）である。この柳を思ひ暫しと歩みをとゞめた蕉翁は、低徊去る能はざるものあり、氣づいたそのときは早乙女たち、はやくもすでに田一枚を植ゑ終つてゐたといふのである。西行の俤を至心に求め、耳を傾けてゐたのである。

『野ざらし紀行』は蕉翁貞享元年の旅、『笈の小文』に先行する。

獨り吉野の奥に辿りけるに、まことに山深く白雲峯に重なり、煙雨谷を埋んで山賤の家所々にちひさく、西に木を伐る音東に響き、院々の鐘の聲心の底にこたふ、昔より此の山に入りて世を忘れたる人の、多くは詩にのがれ歌に隠る、いでや唐土の廬山といはむも亦むべならずや。

このとき蕉翁はとある坊に一夜をかりて、

碪《きぬた》打つて我に聞かせよや　坊が妻

の句を得てゐる。西行と魂と魂との對話をこれ希求するすがたである。我に聞かせよといふところに心と心との觸れあひを眞摯に求めてゐる姿を見る。されば、

西上人の草の庵の跡は、奥ノ院より右の方二町ばかり分け入るほど、柴人の通ふ道のみわづかに有りて、嶮しき谷を隔てたる、いとたふとし

ここに先に言及したるとくとくの清水がある。西行を懐かしみこの清水に口を濡らしての句は、「苔清水」と詞書したる

春雨の木下につたふ清水哉

である。『笈の小文』にいふ、この吉野にとどまること三日と。無興の事といふかこちごとは蕉翁の、西行の魂に觸れあふことの、なほ淺々しく思はれることの自省であると、さきに考へたところである。

蕉翁の句には別して西行の心を心としての本歌取りが目立つ。清輔の『奥義抄』にいふ、「内外典

のふみ、ふるき詩歌、もしくは物がたりなどの心をもととしてよめる事あり」を、そのまゝ實としてゐるのである。子規のいふ事實の中から眞實を汲み出す寫生俳句なのである。外なるものが內化され、外なるものに於て自己を客觀化するのである。先人の心を心としてそれに自己の內省と省察とを通して、先人の心の及ばぬところをその深さに於て、表出しようとするのである。近江から美濃にかゝる山道に常盤の塚あり、伊勢の守武に「月見てや常盤の里へ歸るらん　義朝殿に似たる秋風」がある。蕉翁は次のやうにつける。

義朝の心に似たり　秋の風

常盤の墳を詣でたそのときは、そのさしもの花の顔は時の流れに押し流され、やがて埋沒しはてたる哀れさ、痛ましさをよみあげてゐるのである。守武に出で守武を超えて人の世の深みに觸れてゐると、言つてよい。對象に心をうちこみ、對象からおこなはれくるところの心ばへに直接するのである。先人の佳辭妙所をただ綴合せしめるだけでは、幽邃深遠なその心ばへの實をうたひあげることはできない。無所有無罣礙の心もて先人の業績に參ずるそのときの、自己の根源的主體性の自證なのである。先人の語りかけてくるところに、至心に耳を傾け純一の目もて見るのである。いはゞ行爲的に直觀するのである。その自證がすなはち詩歌文藝に於ける「本歌取り」なのである。この至心さが些かなりとも有心所得の念の混淆をみるそのときは、いやらしさ、嫌はしさとなり、醜いゆがみが表面化する。蕉翁の高野での「父母のしきりに戀し雉子の聲」はいふまでもない、行基菩薩の傳承歌「山鳥のほろほろとなく聲きけば　父かとぞ思ふ母かとぞ思ふ」をうけたものでありながら、行基その人の父母へのかなしきまでの慕情は、時空の距りを瞬時に止揚させ、蕉翁その人の心となり、せつなき慕情がそのまゝ、吾人が只今の、吾人が父母への慕情としてしきりと逼まりくる熱きあるものを覺えるのである。かうした本歌取りといふ文藝美の手法は、西洋の美學の上にもこれ見ることができるのであるか、教へを乞ひたい條である。

以上を別の言ひ方を以てすれば、魂と魂との語らひなのである。切磋なのである。かうして魂と魂と觸れあつて發する火花が蕉翁の、越後出雲崎から夜のくらやみのうちを、海上大きく黒々とうかぶ佐渡をうち眺めたときの、

荒海や佐渡に横たふ天の川

である。「銀河序」にはこの時の蕉翁、言葉にはならぬその思ひを「浪の音しばしばはこびてたましゐけづるがごとく、腸ちぎれてそぞろにかなしみきたれば」といひ、「墨の袂しぼるばかりになむ侍る」とある。このときこの場での蕉翁がその頭念にはげしく驅けめぐつたのは、承久の悲劇、この地に無念萬斛の涙のうちに神去られた順德上皇の御上のことであつたに違ひない。斯うした考證をはたされた時野谷滋博士の論考（「順德院の和歌と歌論」『藝林』四一―三・四、平成四・一〇）を忝くも拜讀したのである。

三、精神視（Vision de l'esprit）

美的理念の表現とは、これを譬ふれば千尋無底なる谿谷の上に舞ふ跳躍なのである。漆黒の暗闇なす深淵の上での、音をたてゝの亂舞と反閇のうちから、ときにはかそけく、ときにはくつきりと聞こえてくる反響や谺《こだま》が、デモーニッシに耳底を衝いてやまなかつたのが、佐渡の島かげに高くもかかる天の川であり、順徳院の歎きの御聲であつた。これ蕉翁の心的聽聞のいたすところであり、院の御心事と蕉翁が心との相互の心的浸透である。映發である。ベルクソンのいふ精神が精神を捉へるといふ精神視 vision de l'esprit がこれでなければならぬ。事象乃至は對象そのものの中に生き込むといふことこれなのである。對象とする表象の根柢からは、いつも超越的なるものが語りかけてくるのである。鮮明に眼前にうかびあがつてくるものがあるのである。

時は經歷して瞬時もとゞまることをしらない。未來の時が來たりて現在となり、現在が推移して忽ちにして過去となる。昨日も今日も、そして明日も、それぞれが孤立してその位置を保ち、それ自身の形をもつものでありながら、しかも未來を思ふそのときには、未來は現在となり、過去を追想するそのときには、姿なき過去が一轉して現前するといふことになるのである。未來も過去もその實は、現在の只今に於て交謝するところがあるのである。このことたる、不思議を超えたる難思議と言はずして、何と言つたらよいのか。そしてしかも未來をして未來と限定し、過去をして過去と限定するのは現在を措いて他にはこれを求めることはできない。過去は元の過去のまゝにして現在、未來もまた未來でありながらそのまゝにして現在、顯は顯のまゝにして幽、幽はどこまでも幽でありながら、幽にしてしかも顯。幽と顯とは互に相卽しあひ映發しあつてゐて、表と裏とは一枚なのである。されば道元の『正法眼藏・身心學道』はいふ、

昔日はこのところよりさり、今日はこのところよりきたる、さるときは漫天さり、くるときは盡地きたる、これ平常心なり、平常心この屋裡に開閉す、千戶萬戶一時開閉なるゆゑに平常心なり、

平常心とは現在の只今といふことである。「千戶萬戶一時開閉」といふこの「一時」とは、「あるとき」といふことではない。「同時に」といふことであり、「すべてがそのまゝに」といふことでなければならぬ。映發を映發と內的に認取し己證するといふことこれである。かうした映發を映發と受けとらしめるものは、平常心只今での精神視これでなければならぬ。精神視はまさに精神史學の關鍵なのである。

著者略歴

大正6年1月生。東京文理科大学史学科卒。文学博士。国立国会図書館国会分館長、連絡部長（指定職）専門調査員（文教担当、特別職）、國學院大學教授、國學院大學栃木短期大學教授。

主なる著書。『外国思想の受容と日本』『日本の神話』『伴信友の思想』『楠木正成』『湊川神社史景仰篇』『同祭神篇』『同鎮座篇』『日本思想の構造』『やまと心』『日本思想のかたち』等。

（現住所）　東京都練馬区富士見台1－3－3

傳統文化叢書五

日本《にほん》の史眼《しがん》
——顕《けん》と幽《ゆう》との相関相即《そうかんそうそく》——

平成十三年四月二十九日　第一刷發行

定価：本体三、〇〇〇円（税別）

著者　森《もり》田《た》康之助《やすのすけ》
装幀者　吉野史門
發行者　中藤政文

〒一〇一－〇〇五四
東京都千代田區神田錦町一の四
發行所　錦正社
電話　〇三－三二九一－七〇一〇
FAX　〇三－三二九一－〇一七〇
印刷　株式會社文昇堂
製本　山田製本印刷社

2001, Printed in Japan　　ISBN 4-7646-0256-3

『傳統文化叢書』刊行の辭

日本には貴い傳統と、すぐれた文化がある。それらは、絶え間なく海の彼方から流れ込む異文化を吸ひ、一面では混亂し他面では躍進を遂げた。島の民はいつも未知の海外にあこがれをいだき、純情をささげて異文化に寄り添ふ。日本人は特にこの氣質を多分に含んでゐるとみられるが、不思議にも、傳統と文化の根幹を枯らしてしまふことはなかつた。

外來の文物に醉ひ癡れて前代の愚昧を嘲笑する風潮が續くうちに、やがて反省が起り、過去の見直しが始まる。父祖の叡智は再び光を放ち、新しい時代の文化を育む。日本の傳統と文化を深く理解してゐる外國の識者も輕薄な現代至上主義に警告を發し、良き助言者になつてくれる。このやうな動向は單なる反動ではなく、自覺の發顯である。

父祖の營々たる努力によつて培はれた文化價値を受け繼ぎ、それをより一層高めてゆくのは現代人のつとめである、傲慢であつてはならない。謙虚に父祖の遺産を相續してこれを增殖し、そして子孫に傳達すべきものである。相續の連鎖を傳統といふ。文化は國土の隅々に息づいてゐる。草に埋もれ、見失はれた價値の發見、歪曲された解釋の是正、頽廢からの脱却、それらに立ち向ふことなくしては傳統は築き得ない。

このやうな觀點に立ち、ふさはしい著作を世に送るのが本叢書の使命である。したがつて、特定の領域に閉ぢこもらず、廣い視野の中に眞摯な研究や論考を收め、また、興趣あふるゝ風物詩を加へるなど、自在な選擇によつて良書の一群を形成してゆきたいと念願してゐる。願はくは江湖に迎へられんことを。

平成五年十一月　創業五拾五周年を記念して

錦正社　中藤政文